大数据系列丛书

大数据伦理与职业素养

周海钧　周　苏　主编

清华大学出版社
北京

内 容 简 介

大数据技术的迅猛发展,对社会、经济、文化等领域产生了越来越深刻的影响。在造福人类、促进社会发展的同时,也引发了一系列伦理与职业素养的问题。学习大数据技术,必须重视大数据伦理与职业素养知识。这有助于防止大数据技术的滥用,提高从业人员的责任心和职业道德水准,确保数据和算法系统的安全可靠,使算法系统的可解释性成为未来引导设计的一个基本方向,使伦理准则成为大数据专业从业者的工作基础,从而提升职业人员的职业抱负和理想。

本书包括大数据社会背景、大数据思维变革、伦理与道德、大数据伦理规则、职业与职业素养、工匠精神与工程教育、数据科学职业与思维以及大数据安全与法律等内容。本书针对高等院校数据科学与大数据技术以及相关专业学生的发展需要,为"大数据伦理与职业素养"课程和通识课程全新设计编写,具有丰富的知识与应用特色,帮助读者扎实地打好基础。本书特色鲜明,易读易学,既适合高等院校学生学习使用,也适合对大数据技术相关领域感兴趣的读者阅读参考。

本书封面贴有清华大学出版社防伪标签,无标签者不得销售。
版权所有,侵权必究。举报: 010-62782989, beiqinquan@tup.tsinghua.edu.cn。

图书在版编目(CIP)数据

大数据伦理与职业素养/周海钧,周苏主编. —北京: 清华大学出版社,2022.10
(大数据系列丛书)
ISBN 978-7-302-61833-1

Ⅰ.①大… Ⅱ.①周… ②周… Ⅲ.①数据处理-技术伦理学-研究 Ⅳ.①B82-057

中国版本图书馆 CIP 数据核字(2022)第 169148 号

责任编辑: 张　玥
封面设计: 常雪影
责任校对: 郝美丽
责任印制: 刘海龙

出版发行: 清华大学出版社
网　　址: http://www.tup.com.cn, http://www.wqbook.com
地　　址: 北京清华大学学研大厦 A 座　　邮　编: 100084
社 总 机: 010-83470000　　邮　购: 010-62786544
投稿与读者服务: 010-62776969, c-service@tup.tsinghua.edu.cn
质量反馈: 010-62772015, zhiliang@tup.tsinghua.edu.cn
课件下载: http://www.tup.com.cn, 010-83470236
印 装 者: 北京嘉实印刷有限公司
经　　销: 全国新华书店
开　　本: 185mm×260mm　　印　张: 11.25　　字　数: 262 千字
版　　次: 2022 年 10 月第 1 版　　印　次: 2022 年 10 月第 1 次印刷
定　　价: 39.80 元

产品编号: 097198-01

前 言
PREFACE

  教育部关于《高等学校课程思政建设指导纲要》要求全面推进高校课程思政建设，这是落实习近平总书记关于教育重要论述的重要举措，是落实立德树人根本任务的必然要求，是全面提高人才培养质量的重要任务。

  坚持立德树人，围绕"培养什么人、怎样培养人、为谁培养人"这一根本问题，深入挖掘提炼大数据技术等 IT 专业课程所蕴含的思政要素，尝试在高等院校数据科学与大数据技术等相关专业开设专业思政教育课程，制定"大数据伦理与职业素养"课程的"课程思政"标准，提高课堂教学质量，提升育人成效，实现共同构建全员、全过程、全方位育人大思政教育格局。

  大数据技术的迅猛发展对社会、经济、文化等领域已经产生越来越深远的影响，将提升社会劳动生产率，特别是在有效降低劳动成本、优化产品和服务、创造新市场和就业等方面为人类的生产和生活带来革命性的转变。

  大数据在造福人类、促进社会发展的同时，也引发了一系列伦理与职业素养问题。相关专业学生在学习大数据知识与技术的同时，必须重视掌握大数据伦理知识。重视大数据的职业伦理教育，有助于防止大数据技术的滥用，提高从业人员的责任心和职业道德水准，确保数据和算法系统的安全可靠，使算法系统的可解释性成为未来引导设计的一个基本方向，使伦理准则成为大数据从业者的工作基础，从而提升职业人员的职业抱负和理想。

  本书包括大数据社会背景、大数据思维变革、伦理与道德、大数据伦理规则、职业与职业素养、工匠精神与工程教育、数据科学职业与思维以及大数据安全与法律等内容，针对高等院校数据科学与大数据技术及其相关专业学生的发展需要，为"大数据伦理与职业素养"专业思政课程全新设计编写，具有丰富的知识性与应用特色。本书知识内容系统、全面，可以帮助读者扎实地打好大数据伦理与职业素养的知识基础。

  每个学习单元都遵循下列要点：

  (1) 安排精选的【导读案例】，以深入浅出的方式引发学习者的自我学习兴趣。

  (2) 介绍基本观念或解释原理，让学习者能切实理解和掌握大数据伦理与职业素养的基本原理及相关知识。

  (3) 组织浅显易懂的案例，注重培养学生扎实的基本理论知识，重视培养学习方法。

  (4) 为学习者提供低认知负荷的自我评量题目，让学习者在自我成就中建构大数据伦理的基本观念与技术。

（5）思维与实践并进，每章后面的【研究性学习】环节，建议教师在教学班中组织研究性学习小组，鼓励学生讨论与积极表达，努力让大数据伦理知识成为其驰骋职场的立身之本。

虽然已经进入电子时代，但仍然竭力倡导课前、课后看书，课中在书上做好笔记，最后完成课程学习总结。为各章设计的作业(4 选 1 标准选择题)并不难，学生只要认真阅读课文，就能准确回答所有题目，附录中提供了作业参考答案。

本课程的"教学进度表"可作为教师授课参考和学生课程学习的概要。实际执行时，应按照教学大纲编排教学进度，确定本课程的实际教学进度。

教学进度表
(20　—20　学年第　　学期)

课程号：_____　　课程名称：　大数据伦理与职业素养　　学分：　1　周学时：2（单周）

总学时：　16　（其中理论学时：　16　实践学时：_____）

主讲教师：_____

序号	校历周次	章节(或实训、习题课等)名称与内容	学时	教学方法	课后作业布置
1	1	教师引言 第 1 章　大数据社会背景	2	导读案例 课文	作业 研究性学习
	2				
2	3	第 2 章　大数据思维变革	2		
	4				
3	5	第 3 章　伦理与道德	2		
	6				
4	7	第 4 章　大数据伦理规则	2		
	8				
5	9	第 5 章　职业与职业素养	2		课程学习总结
	10				
6	11	第 6 章　工匠精神与工程教育	2		
	12				
7	13	第 7 章　数据科学职业与思维	2		
	14				
8	15	第 8 章　大数据安全与法律	2		
	16				

填表人(签字)：　　　　　　　　　　　　　　　日期：

系(教研室)主任(签字)：　　　　　　　　　　　日期：

本课程的教学评测可以从以下几方面入手,即

(1) 每章课前的【导读案例】学习评价(8项);

(2) 结合每章的课后作业(4选1标准选择题,8项);

(3) 结合每章课文的【研究性学习】小组活动评价(7项);

(4) 第8章的【课程学习与实训总结】(大作业,1项);

(5) 结合平时考勤;

(6) 任课教师认为必要的其他考核方法。

本书特色鲜明,易读易学,既适合高校学生学习,也适合对大数据技术相关领域感兴趣的读者阅读参考。

与本书配套的PPT课件等学习资源,读者可从清华大学出版社网站本书页面下载,欢迎与作者交流,并索取为本书教学配套的相关资料。

本书的编写得到浙江安防职业技术学院、温州商学院、浙大城市学院、嘉兴技师学院、杭州汇萃智能科技有限公司等多所院校、企业的支持,刘彩玲、李婵、王文等参与了本书的部分编写工作,在此一并表示感谢!

周 苏

2022年初春于温润之州

目录

CONTENTS

第1章　大数据社会背景 ·· 1
　【导读案例】　个人计算机的发展历程 ·· 1
　1.1　计算机的渊源 ··· 5
　　　1.1.1　为战争而发展的计算机器 ·· 6
　　　1.1.2　通用计算机 ··· 7
　　　1.1.3　人工智能大师 ·· 8
　1.2　大数据基础 ·· 9
　　　1.2.1　信息爆炸的社会 ··· 9
　　　1.2.2　大数据的定义 ·· 10
　　　1.2.3　大数据的3V特征 ·· 11
　　　1.2.4　大数据时代 ··· 12
　　　1.2.5　大数据对应的厚数据 ·· 12
　1.3　从机械思维到数据思维 ··· 14
　　　1.3.1　人类现代文明的基础 ·· 14
　　　1.3.2　确定还是不确定的 ··· 15
　　　1.3.3　解决不确定性问题的思维 ··· 16
　1.4　大数据与人工智能 ·· 17
　作业 ··· 17
　【研究性学习】　进入大数据时代 ··· 19

第2章　大数据思维变革 ··· 21
　【导读案例】　亚马逊推荐系统 ·· 21
　2.1　思维转变之一：样本＝总体 ··· 23
　　　2.1.1　小数据时代的随机采样 ··· 24
　　　2.1.2　大数据与乔布斯的癌症治疗 ·· 26
　　　2.1.3　全数据模式：样本＝总体 ··· 27
　2.2　思维转变之二：接受数据的混杂性 ·· 28
　　　2.2.1　允许不精确 ··· 29
　　　2.2.2　大数据简单算法与小数据复杂算法 ·· 30
　　　2.2.3　纷繁的数据越多越好 ·· 32

2.2.4　混杂性是标准途径 …………………………………………………… 33
　　2.2.5　5％的数字数据与95％的非结构化数据 ……………………………… 34
2.3　思维转变之三：数据的相关关系 ……………………………………………… 34
　　2.3.1　关联物，预测的关键 ………………………………………………… 35
　　2.3.2　"是什么"，而不是"为什么" ………………………………………… 37
　　2.3.3　通过因果关系了解世界 ……………………………………………… 37
　　2.3.4　通过相关关系了解世界 ……………………………………………… 39
作业 ……………………………………………………………………………………… 40
【研究性学习】理解大数据的三个思维变革 ………………………………………… 42

第3章　伦理与道德 ……………………………………………………………… 45
【导读案例】脸书数据泄露：成操控大选的工具 …………………………………… 45
3.1　伦理与道德基础 ………………………………………………………………… 46
　　3.1.1　伦理的定义 …………………………………………………………… 47
　　3.1.2　道德的概念 …………………………………………………………… 48
　　3.1.3　伦理是一种自然法则 ………………………………………………… 48
　　3.1.4　伦理学研究 …………………………………………………………… 49
3.2　科技伦理造福人类 ……………………………………………………………… 50
　　3.2.1　科技伦理是理性的产物 ……………………………………………… 50
　　3.2.2　科技伦理的预见性和探索性 ………………………………………… 51
3.3　技术伦理 ………………………………………………………………………… 52
3.4　工程伦理 ………………………………………………………………………… 53
3.5　算法歧视 ………………………………………………………………………… 54
　　3.5.1　算法透明之争 ………………………………………………………… 54
　　3.5.2　算法透明的实践 ……………………………………………………… 57
　　3.5.3　算法透明的算法说明 ………………………………………………… 58
　　3.5.4　算法透明的替代方法 ………………………………………………… 58
　　3.5.5　算法公平的保障措施 ………………………………………………… 59
作业 ……………………………………………………………………………………… 60
【研究性学习】辩论：算法是否应该透明 …………………………………………… 62

第4章　大数据伦理规则 ………………………………………………………… 63
【导读案例】爬虫技术的法律底线 …………………………………………………… 63
4.1　关于数据共享 …………………………………………………………………… 65
　　4.1.1　数据共享问题 ………………………………………………………… 66
　　4.1.2　个人数据和匿名数据 ………………………………………………… 66
4.2　大数据伦理问题 ………………………………………………………………… 67
　　4.2.1　数据主权和数据权问题 ……………………………………………… 67

4.2.2　隐私权和自主权被侵犯 ……………………………………………… 67
　　　4.2.3　数据利用失衡 …………………………………………………………… 68
　　　4.2.4　数据伦理问题的 10 方面 …………………………………………… 69
　4.3　大数据伦理问题的根源 …………………………………………………………… 70
　4.4　欧盟的大数据平衡措施 …………………………………………………………… 71
　　　4.4.1　欧盟隐私权管理平台 …………………………………………………… 71
　　　4.4.2　伦理数据管理协议 ……………………………………………………… 72
　　　4.4.3　数据管理声明 …………………………………………………………… 73
　　　4.4.4　欧洲健康电子数据库 …………………………………………………… 73
　4.5　数据保护对策 ……………………………………………………………………… 74
　　　4.5.1　构建数据保护伦理准则 ………………………………………………… 75
　　　4.5.2　注重数据保护伦理教育 ………………………………………………… 75
　　　4.5.3　健全道德伦理约束机制 ………………………………………………… 76
　作业 ………………………………………………………………………………………… 76
　【研究性学习】　制定大数据伦理原则的现实意义 ………………………………… 78

第 5 章　职业与职业素养 ………………………………………………………………… 79
　【导读案例】"人肉计算机"数学家凯瑟琳·约翰逊 ……………………………… 79
　5.1　职业素养的概念 …………………………………………………………………… 85
　5.2　职业素养的内涵与特征 …………………………………………………………… 86
　　　5.2.1　职业素养的基本特征 …………………………………………………… 87
　　　5.2.2　职业素养的三个核心 …………………………………………………… 87
　　　5.2.3　职业素养的分类 ………………………………………………………… 88
　5.3　职业素养的提升 …………………………………………………………………… 89
　　　5.3.1　关于新人的蘑菇效应 …………………………………………………… 89
　　　5.3.2　显性素养——专业知识与技能 ………………………………………… 90
　　　5.3.3　隐性素养——职业意识与道德 ………………………………………… 91
　5.4　培养职业素养 ……………………………………………………………………… 93
　　　5.4.1　职业素养的"冰山"理论 ……………………………………………… 93
　　　5.4.2　职场必备的职业素养 …………………………………………………… 94
　　　5.4.3　职业素养的自我培养 …………………………………………………… 95
　　　5.4.4　职业素养的教育对策 …………………………………………………… 96
　作业 ………………………………………………………………………………………… 97
　【研究性学习】　职业素养的后天素养及其培养途径 ……………………………… 99

第 6 章　工匠精神与工程教育 …………………………………………………………… 100
　【导读案例】"现代版爱迪生"迪恩·卡门 ………………………………………… 100
　6.1　什么是工匠精神 …………………………………………………………………… 105

  6.1.1 工匠精神的内涵 …… 105
  6.1.2 工匠精神的现实意义 …… 107
  6.1.3 工匠精神的发展 …… 107
 6.2 工程素质 …… 108
  6.2.1 理科与工科 …… 108
  6.2.2 理工科学生的工程素质 …… 109
 6.3 工程教育 …… 110
  6.3.1 什么是《华盛顿协议》 …… 110
  6.3.2 中国工程教育规模世界第一 …… 110
  6.3.3 推动工程教育改革的国家战略 …… 111
  6.3.4 国际工程师互认体系的其他协议 …… 112
  6.3.5 工程教育专业认证的特点 …… 112
 6.4 CDIO 工程教育模式 …… 114
  6.4.1 CDIO 的内涵 …… 114
  6.4.2 CDIO 的 12 条标准 …… 115
 6.5 新工科的形成与发展 …… 116
  6.5.1 新工科研究的内容 …… 116
  6.5.2 促进新工科再深化 …… 117
 作业 …… 117
 【研究性学习】 熟悉工匠精神与工程教育 …… 119

第 7 章 数据科学职业与思维 …… 121
【导读案例】 智能汽车出行数据的安全 …… 121
 7.1 IEEE/ACM《计算课程体系规范》的相关要求 …… 125
  7.1.1 胜任力培养实践 …… 126
  7.1.2 我国计算机类本科教育的现状 …… 126
 7.2 计算思维 …… 127
  7.2.1 计算思维的概念 …… 127
  7.2.2 计算思维的作用 …… 128
  7.2.3 计算思维的特点 …… 129
 7.3 数据工程师的社会责任 …… 131
  7.3.1 职业化和道德责任 …… 131
  7.3.2 ACM 职业道德责任 …… 132
  7.3.3 软件工程师道德基础 …… 133
 7.4 数据科学的职业技能 …… 134
  7.4.1 数据科学的职位 …… 135
  7.4.2 数据科学的重要技能 …… 135
  7.4.3 技能的职业角色区分 …… 137

  作业 ……………………………………………………………………………… 139
  【研究性学习】　了解数据科学,熟悉数据科学职业 …………………… 141

第8章　大数据安全与法律 ………………………………………………… 144
  【导读案例】　为公共数据立法,促进数据依法开放共享 ……………… 144
  8.1　消费者的隐私权 ………………………………………………………… 145
  8.2　大数据的安全问题 ……………………………………………………… 147
    8.2.1　生命周期安全 …………………………………………………… 148
    8.2.2　采集汇聚安全 …………………………………………………… 149
    8.2.3　存储管理安全 …………………………………………………… 149
    8.2.4　共享使用安全 …………………………………………………… 151
    8.2.5　个人隐私安全 …………………………………………………… 151
  8.3　大数据的管理维度 ……………………………………………………… 152
  8.4　大数据的安全体系 ……………………………………………………… 153
    8.4.1　安全技术体系 …………………………………………………… 153
    8.4.2　数据安全治理 …………………………………………………… 153
    8.4.3　数据安全测评 …………………………………………………… 154
    8.4.4　数据安全运维 …………………………………………………… 154
    8.4.5　以数据为中心的安全要素 ……………………………………… 155
    8.4.6　主动防御协同体系 ……………………………………………… 155
    8.4.7　协同安全防护流程 ……………………………………………… 156
  8.5　大数据安全法规 ………………………………………………………… 157
  8.6　知识产权保护 …………………………………………………………… 157
  作业 ……………………………………………………………………………… 158
  课程学习与实验总结 …………………………………………………………… 160

附录　作业参考答案 ……………………………………………………………… 164

参考文献 …………………………………………………………………………… 166

第1章

大数据社会背景

【导读案例】 个人计算机的发展历程

个人计算机诞生于20世纪70年代,到今天也不过短短50多年历史。在计算机的发展史中,"计算机之父"的称号一直在艾伦·图灵和冯·诺依曼之间徘徊,但追本溯源,计算机的故事一定是从19世纪的一位英国发明家开始讲起,他就是查尔斯·巴贝奇(图1-1)。

巴贝奇最早提出了建造强大的计算机器的想法。1823年,巴贝奇在政府的支持下,启动了制造差分机(Difference Engine)的项目。尽管最终失败,但这是人类第一次尝试制造大型计算机。艾伦·图灵曾经在1953年设计了自动计算机(Automatic Computing Engine),当时选用Engine这个词,就是为了向查尔斯·巴贝奇致敬。

图1-1 查尔斯·巴贝奇(1791—1871)

从机械计算机到现代电子计算机,再从巨型计算机到微型计算机,中间有几个重要的里程碑事件,比如冯·诺依曼提出存储结构、晶体管和集成电路的发明,硅谷的崛起等。但是,和个人计算机发展密切相关的是英特尔公司的一枚芯片的诞生——Intel 4004。1971年,Intel 4004微处理器正式发布,设计者是泰德·霍夫(图1-2)。

图1-2 Intel 4004与泰德·霍夫

单独的4004芯片上包含了2000多个晶体管,几乎拥有与1945年问世的世界上第一台电子计算机ENIAC一样的运算能力。1974年,英特尔公司设计出一种更强大的微处理器——8080。8080微处理器催生了一系列新应用场景,也催生了个人计算机。

个人计算机诞生在一个疯狂的时代。那时,拥有一台自己的计算机简直是天方夜谭。在理想的驱动下,一群电子学发烧友开始DIY,购买芯片,自己动手,研发属于自己的个人计算机,杂志、俱乐部、展会成了三股强大的催化剂。1975年1月,《大众电子》杂志的封面刊出了Altair 8800问世的消息(图1-3)——这是个人计算机的"出生证"。Altair 8800由爱德华·罗伯茨的MITS公司制造,售价为397美元。实际上,杂志封面上的Altair也并非真机,只是一个空壳。因为第一台真机在寄送的途中丢失,而杂志的出版时间已经不允许MITS再提供一台真机。

图1-3 《大众电子》1975年1月刊封面与需要自己组装的Altair 8800

Altair 8800的第一批买家都是计算机发烧友,他们收到的并非一台能够使用的机器,而是一堆零散的部件。组装,在当时是一项非常具有挑战性的工作。

MITS公司的创始人爱德华·罗伯茨(图1-4)是一位极富传奇色彩的人物。他身材高大,早年在空军服役。退伍之后创办了MITS公司,主营业务是计算器。他在Intel 8008问世之后,依靠强大的商业嗅觉,看到了机会,凭借一己之力开创了个人计算机产业。在经历过山车般的创业之路后,罗伯茨告别了自己亲手开创的产业,回到故乡,实现了人生理想——做一名乡村医生。

《大众电子》杂志(图1-5)的编辑莱斯利·所罗门在早期的发烧友圈子里非常有影响力,被年轻的极客们亲切地称为"所罗门大叔"。当时,杂志是技术发布的重要平台,也是发烧友学习交流的主要渠道。图1-6是所罗门大叔家里

图1-4 爱德华·罗伯茨
(MITS公司创始人)

的地下室,当年很多技术先驱曾光顾这里,如今这里收藏了很多台早期的计算机。

图 1-5 《大众电子》杂志及其两位编辑

图 1-6 所罗门大叔家里的地下室

在众多发烧友的俱乐部中,"家酿计算机俱乐部"(图 1-7)享有盛誉,它们对某个产品的评价可以左右一家公司的成败。乔布斯和沃兹尼亚克就是"家酿计算机俱乐部"的常客。该俱乐部中孕育的一些极客文化,如分享、开源等,至今都影响深远。

图 1-7 "家酿计算机俱乐部"的聚会

Altair 8800 的问世不仅引发了技术革新,还引起了社会变革,很多技术先驱由此看到了大众和计算机的接触方式已经发生了颠覆性的改变。从那以后,个人计算机产业告别了单纯技术至上的发烧友文化,走上了正规的商业化道路。而其中分别代表着软件的微软(图 1-8)和硬件的苹果(图 1-9)两家公司,即使在几十年后的今天,仍然对我们的生活产生着巨大的影响。

1981 年,IBM PC(图 1-10)问世,"个人计算机"(Personal Computer,PC)这一术语正式确立。尽管 IBM PC 距离 Altair 问世已经过去了 5 年多,但是凭借这个产品,IBM 立刻获得了商业市场认可。他们也进一步对个人计算机进行投资,研发了文字处理和电子表格软件。IBM PC 对整个行业产生了深远影响,各大公司纷纷批量购入个人计算机,从此,个人计算机在办公中发挥了越来越重要的作用。IBM PC 使用微软公司开发的

MS-DOS 操作系统，微软公司随之崛起。

图 1-8　1975 年，比尔·盖茨和保罗·艾伦创办微软公司

图 1-9　1976 年，乔布斯和沃兹尼亚克创办苹果公司

图 1-10　1981 年，IBM PC 发布

1984 年，苹果公司推出麦金塔（图 1-11），并在当时的美国超级碗橄榄球比赛中投放了广告。该广告讽刺 IBM 这位计算机界的"老大哥"企图借助 IBM PC 控制个人计算机市场的野心，并暗示横空出世的麦金塔计算机将会打破这个局面。

(a) 麦金塔

(b) 研发团队

图 1-11　1984 年发布的苹果麦金塔及其研发团队

乔布斯为麦金塔倾注了大量心血，正是在激励麦金塔团队时，他说了那句著名的话："做一个海盗比加入海军要有趣得多。"麦金塔取得了巨大的成功，这是第一款真正为非技

术人士设计并投向广大消费者市场的计算机。

进入20世纪90年代,个人计算机走向成熟。在摩尔定律的作用下,个人计算机不断推陈出新,从外观、尺寸到功能配置,再到硬件设备的物理布局,都变得更加多样化。智能手机和平板电脑在21世纪初相继问世,它们的出现快速改变着人们与计算机的交互方式。如今,尽管个人计算机并未完全退出历史舞台,但是它在我们生活中举足轻重的地位正在逐渐式微,后PC时代已经到来,我们知道,它的逐步消亡趋势是不可逆转的。

短短50年,个人计算机产业上演了一场波澜壮阔的故事。一帮梦想家发起了一场技术革命,缔造了一个又一个颠覆性的产品,而这些,最终改变了每个人的生活方式。他们的故事值得铭记,他们的精神值得流传。

资料来源:知乎网(http://www.zhihu.com/question/38378488)。

阅读上文,请思考、分析并简单记录:

(1) 什么是个人计算机?请列举一些个人计算机的实例。

答:_____

_____

_____

(2) 在个人计算机产业的发展史上,分别代表着PC软件的微软和PC硬件的苹果两家公司的里程碑级的产品是什么?

答:_____

_____

_____

(3) 文中称呼某些发烧友为"极客"。请在网络上搜索、了解更多关于极客的信息,并简述如下。

答:_____

_____

_____

_____

(4) 请简述你所知道的上一周内发生的国际、国内或者身边的大事。

答:_____

_____

_____

_____

1.1 计算机的渊源

所谓"技术系统",是指一种"人造"系统,它是人类为了实现某种目的而创造出来的。技术系统能够为人类提供某种功能。因此,技术系统具有明显的"功能"特征。科学家已经制造出了汽车、火车、飞机、收音机这样无数的技术系统,它们模仿并拓展了人类身体器官的功能。但是,技术系统能不能模仿人类大脑的功能呢?到目前为止,人们也仅仅知道人类大脑是由数十亿个神经细胞组成的器官(图1-12),对它还知之甚少,模仿它或许是天下最困难的事情。

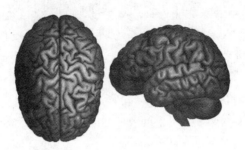

图1-12 人脑的外观

1.1.1 为战争而发展的计算机器

20世纪40年代,还没有"计算机"(Computer)这个词,它原本指的是做计算的人。这些计算员在桌子前一坐就是一整天,面对一张纸、一份打印的指导手册,可能还有一台机械加法机,按照指令一步步地费力工作,并且足够仔细,最后可能得出一个正确结果。

面对全球冲突,一帮数学家开始致力于尽可能快地解决复杂的数学问题。冲突双方都会通过无线电发送命令和战略信息,而这些信号也可能被敌方截获。为了防止信息泄露,军方会对信号进行加密,而能否破解敌方编码关乎着成百上千人的性命,自动化破解过程显然大有裨益。到第二次世界大战结束时,人们已经制造出了两台机器,它们可以被看作现代计算机的源头。一台是美国的电子数字积分计算机——ENIAC(图1-13),它被誉为世界上第一台通用电子数字计算机;另一台是英国的巨人计算机Colossus。这两台计算机都不能像今天的计算机一样进行编程,配置新任务时需要进行移动电线和推动开关等一系列操作。

图1-13 世界上第一台通用电子数字计算机——ENIAC

1.1.2 通用计算机

今天,计算机几乎存在于所有的电子设备中,通常只是因为它比其他选项都要便宜。例如,普通的烤面包机本来并不需要计算机,但比起采用乱七八糟的一堆组件,只用一个简单的成分就可以实现所有功能还是比较划算的。

这类专用的计算机运行速度不同、体积大小不一,但从根本上讲,它们的功能都是一样的。事实上,这类计算机大部分只能在工厂进行一次编程,以对运行的程序进行加密,同时降低可能因改编程序引起的售后服务成本。机器人其实就是配有诸如手臂和轮子这样的特殊外围设备的电子设备,以帮助其与外部环境进行交互。机器人内部的计算机能够运行程序,它的摄像头拍摄物体影像后,相关程序通过数据中心的照片就可以区分影像,以此来帮助机器人在现实环境中辨认物体。

人们玩计算机游戏,或用计算机写文章、在线购物、听音乐或通过社交媒体与朋友联系。计算机被用于预测天气、设计飞机、制作电影、经营企业、完成金融交易和控制工厂等。作为一种通用的信息处理机器,电子计算机统称为电脑,它能够执行被详细描述的任何过程,其中用于描述解决特定问题的步骤序列称为算法,算法可以变成软件(程序),确定硬件(物理机)能做什么和做了什么。创建软件的过程称为编程。

中国的第一台电子计算机诞生于1958年。在2021年6月29日公布的全球超算500强榜单中,中国共有186台超级计算机上榜,连续第8次蝉联全球拥有超算数量最多的国家。图1-14所示为我国的超级计算机"天河二号"。

图1-14 我国的超级计算机"天河二号"

但是,计算机到底是什么机器?一个计算设备怎么能执行这么多不同的任务呢?现代计算机可以被定义为"在可改变的程序的控制下,存储和操纵信息的机器"。该定义有两个关键要素:

第一,计算机是用于操纵信息的设备。这意味着可以将信息存入计算机,计算机将信息转换为新的、有用的形式,然后显示或以其他方式输出信息。

第二,计算机在可改变程序的控制下运行。计算机不是唯一能操纵信息的机器。当你用简单的计算器来运算一组数字时,就是在输入信息(数字),处理信息(如计算连续数字的总和),然后输出信息(如显示)。另一个简单的例子是油泵,给油箱加油时,油泵利用当前每升汽油的价格和来自传感器的信号读取汽油流入油箱的速率,并将这些数据转换为加了多少汽油和应付多少钱的信息。但是,计算器或油泵并不是完整的计算机,它们只是被构建来执行特定的任务。

在计算机的帮助下,人们可以设计出更有表现力、更加优雅的语言,并指示机器将其翻译为读取—执行周期能够理解的模式。计算机科学家常常谈及建立某个过程或物体的模型,这并不是说要拿卡纸和软木来制作一个真正的复制品。"模型"是一个数学术语,意思是写出事件运作的所有方程式,并进行计算,这样就可以在没有真实模型的情况下完成实验测试。由于计算机的运行十分迅速,因此,与真正的实验操作相比,计算机建模能够更快得出答案。

人工智能(Artificial Intelligence,AI)最根本也最宏伟的目标之一就是建立人脑般的计算机模型。完美模型固然最好,但精确性稍逊的模型也同样十分有效。

1.1.3 人工智能大师

艾伦·图灵(1912年6月23日—1954年6月7日,图1-15)出生于英国伦敦帕丁顿,毕业于普林斯顿大学,是英国数学家、逻辑学家,被誉为"计算机科学之父""人工智能之父",是计算机逻辑的奠基者。1950年,图灵在其论文《计算机器与智能》中提出了著名的"图灵机"和"图灵测试"等重要概念,图灵的一系列思想为现代计算机的逻辑工作方式奠定了基础。为了纪念图灵对计算机科学的巨大贡献,1966年,由美国计算机协会(ACM)设立一年一度的"图灵奖",以表彰在计算机科学中做出突出贡献的人。图灵奖被喻为"计算机界的诺贝尔奖"。

冯·诺依曼(1903年12月28日—1957年2月8日,图1-16)出生于匈牙利,毕业于苏黎世联邦工业大学,数学家,是现代计算机、博弈论、核武器和生化武器等领域内的科学全才,被后人称为"现代计算机之父""博弈论之父"。他在泛函分析、遍历理论、几何学、拓扑学和数值分析等众多数学领域以及计算机学、量子力学和经济学中都有重大成就,也为第一颗原子弹和第一台电子计算机的研制做出了巨大贡献。

图1-15 计算机科学之父、人工智能之父——图灵

图1-16 现代计算机之父、博弈论之父——冯·诺依曼

1.2 大数据基础

信息社会的好处是显而易见的:每个人口袋里都揣着一部手机,每台办公桌上都放着一台计算机,每间办公室都连接到局域网或互联网。半个世纪以来,随着计算机技术全面和深度地融入社会生活,信息爆炸已经积累到了一个引发变革的程度。它不仅使世界充斥着比以往更多的信息,而且其速度也在加快。信息总量的变化还导致了信息形态的变化——量变引起了质变。

1.2.1 信息爆炸的社会

综合观察社会各方面的变化趋势,人们能真正意识到信息爆炸或者大数据时代已经到来。以天文学为例,2000年美国斯隆数字巡天项目(图1-17)启动的时候,位于美国新墨西哥州的望远镜在短短几周内收集到的数据就比世界天文学历史上总共收集的数据还要多。到了2010年,信息档案已经高达1.4×2^{42}B。

图1-17 美国斯隆数字巡天望远镜

天文学领域发生的变化在社会各个领域都在发生。2003年,人类第一次破译人体基因密码的时候,辛苦工作了10年才完成30亿对碱基对的排序。大约10年之后,世界范围内的基因仪每15分钟就可以完成同样的工作。在金融领域,美国股市每天的成交量高达70亿股,而其中2/3的交易都是由建立在数学模型和算法之上的计算机程序自动完成的,这些程序运用海量数据来预测利益和降低风险。

互联网公司更是被数据淹没了。谷歌公司每天要处理超过24PB(2^{50}B,拍字节)的数据,这意味着其每天的数据处理量是美国国家图书馆所有纸质出版物所含数据量的上千倍。脸书(Facebook,现更名为Meta)这个创立不过十来年的公司,每天更新的照片量超过1000万张,每天人们在网站上单击"喜欢"(Like)按钮或者写评论大约有30亿次,这就为脸书公司挖掘用户喜好提供了大量的数据线索。与此同时,谷歌的子公司YouTube是世界上最大的视频网站,它每月接待多达8亿的访客,平均每秒就会有一段长度在1小时以上的视频上传。推特(Twitter)是美国的一家社交网络及微博客服务的网站,是互联网上访问量最大的 10 个网站之一,其消息也被称作"推文"(Tweet),被形容为"互联网的短信服务"。推特上的信息量几乎每年翻一番,每天都会发布超过 4 亿条微博。

从科学研究到医疗保险,从银行业到互联网,各个领域都在讲述着一个类似的故事,那就是爆发式增长的数据量。这种增长超过了创造机器的速度,甚至超过了人们的想象。

有趣的是,在 2007 年的数据中,只有 7% 是存储在报纸、书籍、图片等媒介上的模拟数据,其余全部是数字数据。模拟数据也称为模拟量,相对于数字量而言,指的是取值范围是连续的变量或者数值,例如声音、图像、温度、压力等。模拟数据一般采用模拟信号,例如用一系列连续变化的电磁波或电压信号来表示。数字数据也称为数字量,相对模拟量而言,指的是取值范围是离散的变量或者数值。数字数据采用数字信号,例如用一系列断续变化的电压脉冲(如用恒定的正电压表示二进制数 1,用恒定的负电压表示二进制数 0)或光脉冲来表示。

但在不久之前,情况却完全不是这样的。虽然 1960 年就有了"信息时代"和"数字村镇"的概念,2000 年数字存储的信息仍只占全球数据量的 1/4。当时,另外 3/4 的信息都存储在报纸、胶片、黑胶唱片和盒式磁带这类媒介上。事实上,1986 年,世界上约 40% 的计算能力都在袖珍计算器上运行,那时所有个人计算机的处理能力之和还没有所有袖珍计算器处理能力之和高。但是因为数字数据的快速增长,整个局势很快就颠倒过来了。按照希尔伯特的说法,数字数据的数量每 3 年多就会翻一倍;相反,模拟数据的数量则基本上没有增加。

事情真的在快速发展。人类存储信息量的增长速度比世界经济的增长速度快 4 倍,而计算机数据处理能力的增长速度则比世界经济的增长速度快 9 倍。难怪人们会抱怨信息过量,因为每个人都受到了这种极速发展的冲击。

量变导致质变。物理学和生物学都告诉人们,当改变规模时,事物的状态有时也会发生改变。以专注于把东西变小而不是变大的纳米技术为例,其原理就是当事物到达分子级别时,它的物理性质会发生改变。一旦你知道这些新的性质,就可以用同样的原料来做以前无法做的事情。铜本来是用来导电的物质,但它一旦到达纳米级别就不能在磁场中导电。银离子具有抗菌性,但当它以分子形式存在时,这种性质会消失。同样,当人们增加所利用的数据量时,也就可以做很多在小数据量的基础上无法完成的事情。

大数据的科学价值和社会价值正是体现在这里。一方面,对大数据的掌握程度可以转化为经济价值的来源;另一方面,大数据已经撼动了世界的方方面面,从商业科技到医疗、政府、教育、经济、人文以及社会的其他各个领域。尽管人们还处在大数据时代的初期,但日常生活已经离不开它。

1.2.2 大数据的定义

如今,人们不再认为数据是静止和陈旧的。但在以前,一旦完成了收集数据的目的之后,数据就会被认为已经没有用处了。比如,飞机降落之后,票价数据就没有用了——设计人员如果没有大数据的理念,就会丢失掉很多有价值的数据。

数据已经成为了一种商业资本、一项重要的经济投入,可以创造新的经济利益。事实上,一旦思维转变过来,数据就能被巧妙地用来激发新产品和新服务。今天,大数据是人们获得新的认知、创造新的价值的源泉,还是改变市场、组织机构以及政府与公民关系的方法。大数据时代对人们的生活和与世界交流的方式都提出了挑战。

所谓大数据,狭义上可以定义为:**用现有的一般技术难以管理的大量数据的集合**。这实际上是指用目前在企业数据库占据主流地位的关系型数据库无法进行管理的、具有复杂结构的数据。或者也可以说,是指由于数据量的增大,导致对数据的查询响应时间超出了允许的范围。

研究机构加特纳给出了这样的定义:"大数据是需要新处理模式才能具有更强的决策力、洞察发现力和流程优化能力的海量、高增长率和多样化的信息资产"。

全球知名的管理咨询公司麦肯锡说:"大数据指的是涉及的数据集规模已经超过了传统数据库软件获取、存储、管理和分析的能力。这是一个被故意设计成主观性的定义,并且是一个关于多大的数据集才能被认为是大数据的可变定义,即并不定义大于一个特定数字的 TB 才叫大数据。因为随着技术的不断发展,符合大数据标准的数据集容量也会增长;并且定义随不同的行业也有变化,这依赖于在一个特定行业通常使用何种软件和数据集有多大。因此,大数据在今天不同行业中的范围可以从几十 TB 到几 PB。"

随着"大数据"的出现,数据仓库、数据安全、数据分析、数据挖掘等围绕大数据商业价值的利用正逐渐成为行业人士争相追捧的利润焦点,在全球引领了又一轮数据技术革新的浪潮。

1.2.3 大数据的 3V 特征

从字面上看,"大数据"这个词可能会让人觉得只是容量非常大的数据集合而已,但容量只不过是大数据特征的一方面。如果只拘泥于数据量,就无法深入理解当前围绕大数据所进行的讨论。因为"用现有的一般技术难以管理"这样的状况,并不仅仅是由于数据量增大这一个因素造成的。

IBM 公司总结出:"可以用 3 个特征相结合来定义大数据:数量(Volume,或称容量)、种类(Variety,或称多样性)和速度(Velocity),或者就是简单的 3V(图 1-18),即庞大容量、极快速度和种类丰富的数据。"

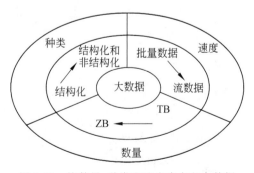

图 1-18 按数量、种类和速度来定义大数据

(1) Volume(数量)。如今,存储的数据量正在急剧增长中,存储的数据包括环境数

据、财务数据、医疗数据、监控数据等,数据量不可避免地会转向 ZB 级别。可是,随着可供企业使用的数据量不断增长,可处理、理解和分析的数据的比例却在不断下降。

(2) Variety(种类、多样性)。随着传感器、智能设备以及社交协作技术的激增,企业中的数据也变得更加复杂,因为它不仅包含传统的关系型数据,还包含来自网页、互联网日志文件(包括流数据)、搜索索引、社交媒体、电子邮件、文档、主动和被动系统的传感器数据等原始、半结构化和非结构化数据。当然,这些数据中有些是过去就一直存在并保存下来的。和过去不同的是,除了存储,还需要对这些大数据进行分析,并从中获得有用的信息。

(3) Velocity(速度)。数据产生和更新的频率也是衡量大数据的一个重要特征。这里,速度的概念不仅是与数据存储相关的增长速率,还应该动态地应用到数据流动的速度上。有效地处理大数据,需要在数据变化的过程中动态地对它的数量和种类执行分析。

在 3V 的基础上,IBM 公司又归纳总结了第 4 个 V——Veracity(真实和准确)。只有真实而准确的数据才能让对数据的管控和治理真正有意义。随着新数据源的兴起,传统数据源的局限性被打破,企业愈发需要有效的信息治理,以确保其真实性及安全性。

总之,大数据是个动态的定义,不同行业根据其应用的不同有着不同的理解,其衡量标准也随着技术的进步而改变。

1.2.4 大数据时代

大数据成为互联网、云计算、物联网之后 IT 行业的又一大颠覆性技术革命。云计算为数据资产提供了保管、访问的场所和渠道,而数据才是真正有价值的资产。企业内部的经营信息、互联网世界中的商品物流信息,互联网世界中的人与人社交信息、地理位置信息等,其数量将远远超越现有企业 IT 架构和基础设施的承载能力,实时性要求也将大大超越现有的计算能力。如何盘活这些数据资产,使其为国家治理、企业决策乃至个人生活服务,是大数据的核心议题,也是云计算内在的灵魂和必然的升级方向。随着时间的推移,人们将越来越多地意识到数据对企业的重要性。

2012 年 2 月,《纽约时报》的一篇专栏文章中称,"大数据"时代已经降临,在商业、经济及其他领域中,决策将日益基于数据和分析而做出,而并非基于经验和直觉。哈佛大学社会学教授加里·金说:"这是一场革命,庞大的数据资源使得各个领域开始了量化进程,无论学术界、商界还是政府,所有领域都将开始这种进程。"

1.2.5 大数据对应的厚数据

有这样一个例子。某数据分析团队为一家车贷公司搭建了一套信用审查数据模型,该模型可以根据贷款申请者的数据自动预测其在未来能否按时还款,以决定是否通过用户的贷款申请。相比人工信用审核,模型预测是全自动的机器过程,在保证判断准确率的前提下,它能为公司节省大量的人力成本。

该项目在客户的工作地点开展,其工位处于一个信审专区,周围有很多信审工作人员,他们每天的工作是审核贷款申请者的信息资料,工作期间总能听到这样有趣的对话:

信审员:"你有几个儿子?"

贷款申请者:"三个。"

信审员:"哦?刚刚打电话给你老婆,她说你们只有两个儿子,这是怎么回事?"

贷款申请者身旁传来窃窃私语……

信审员:"你旁边的人是谁啊?你有几个儿子还需要别人来提醒你?"

……

对话进行到这里,信审人员会在系统内记录下:该申请者和其配偶提供的信息不一致,存在可能的骗贷行为,这将成为该申请者能否被成功授信的"减分项"。

虽然目的都是实现快速、准确的信贷审核,但数据建模的工作逻辑与人工审核存在明显的差异。数据分析专家面对的是一串串数字,而业务人员面对的是鲜活的申请者。数据分析的基础是客户的申请资料,包括此人的性别、年龄、资产情况等基本信息,以及一些来自第三方平台的风险数据(如该申请者有无犯罪记录)。而另一方面,信贷审核人员处理每笔信贷业务时,除了面对每个申请者的具体信息,还会通过电话核实申请者的身份,最终做出人工决策。可见,数据是分析师们每天的工作伙伴,但实际上大数据也存在局限性,无法替代人们对真实业务的体会。

大数据是人们认识世界的一种方式,它将关于你的一切量化为很多数据标签,并存储起来。大数据具有通用的结构,它的优势很明显,例如,淘宝知道每个用户的"双11"消费能力,"今日头条"对你感兴趣的新闻了如指掌,信贷公司记载了你过往的信用记录。然而,不足之处在于它认识的仅仅是世界的一个切片。例如,面试新员工时,面试官首先会查看申请者的简历,教育背景、工作经验、语言能力都是以固定结构记录的数据,然而申请者给面试官留下的感觉,比如她是个气场强大的女神还是平易近人的萌妹子,大数据则无法给出答案。

在一些项目中,人们通过数据发现,有些教育程度较高的贷款申请者也会在未来逾期还款。这听上去有些违背常理,然而精通业务的经理则认为这个现象是合理的。那些所谓的高学历是申请者填写表格时编造的,但后者并不是大数据能够捕捉的行为,却对理解申请者至关重要。

金融大鳄乔治·索罗斯的团队做出重要投资决策时,不仅仅关注能被写进表格的金融数据,也亲自前往欧洲各地,在当地的酒吧与人聊天,了解未来可能的宏观政策变化。索罗斯甚至还依赖自己的背部疼痛来预判可能的风险。这些无法被标准地量化,甚至听上去有些荒谬的直觉信息决策标准,却成就了他们在1992年9月的"黑色星期三"狙击英镑,几周内赚取11亿美元的空前收益。

人们可以把人类认识世界的途径分为两种:一种是如今家喻户晓的大数据;另一种则是一直长久存在,却往往在这个时代被忽视的"厚数据"。如果将大数据比作对客观世界的标准化切片,那么厚数据就是人们在每个独特场景的深度感知。

简历上的文字属于大数据,而面试官对申请者的感觉属于厚数据;表格中的"教育程度"一栏写着"大学"属于大数据,而填写者在背后的伪装是厚数据;股票、汇率的历史走势是大数据,而酒吧里人们的闲聊和索罗斯后背的疼痛则是厚数据。

大数据缺乏厚数据所携带的场景信息。人们对任何事物的理解都不能将其孤立为一个元素,还要考虑这个元素所处的具体场景,以及它与其他元素的相互关系。例如,同样的一杯红酒,在点亮烛光的法国餐厅里或在宁静的办公桌前饮用,注定是不一样的感受,虽然它们的化学质地是相同的;同样是一个小时,在思修课堂度过或者是与情侣一起度过,必然是不同的长度,虽然它们的自然属性没有差异;两名被数据标记有犯罪记录的贷款申请者,虽然数据将它们一视同仁,然而一位只是过失的交通肇事,另一位则有抢劫银行的前科,他们在未来的还款能力上或许大相径庭。仅仅面对数据和算法,人们无法洞察所处的独特场景,所以大数据分析与人类决策是相互补充,而非相互替代的关系。

1.3 从机械思维到数据思维

对于整个社会来说,大数据不仅仅是一种技术革命,更是一种由技术引发的思维革命。在社会影响力上,只有始于英国的工业革命、始于德国和美国的二次工业革命以及"二战"后摩尔定律带来的信息革命能够与其相比。而在对人类认识世界的方法上,只有引发工业革命的机械思维能够与之相匹配(图1-19)。

图1-19 机械思维

1.3.1 人类现代文明的基础

说起机械思维,人们可能会将其与死板、僵化等贬义词联系在一起,但是在过去的3个多世纪中,机械思维算得上是人类总结出的最重要的思维方式,如大数据思维、互联网思维在今天的地位,甚至从某种意义上说,近代工业革命得益于机械思维,其影响力也一直延续至今。

对机械思维做出最大贡献的是科学家牛顿,他用几个简单而优美的公式破解了自然之谜(图1-20)。持机械思维的科学家们认为,世界确定无疑,就像一个精密的钟表,依据几个简单公式可以推算事物未来发展变化的趋势。据说时至今日,仍然可以利用牛顿的理论精确地预测出一千年后日食和月食的时间。

机械思维是欧洲之所以能够在科学上领先于世界的重要原因,其核心方法论是笛卡尔建立的"通过正确的证据、正确的推理,得到正确的结论"的科研方法。概括地说,就是"大胆假设,小心求证"。这种思维方式造就了从欧几里得到托勒密再到牛顿等一位位科学巨匠,将人类带入科学时代,让人们相信世界万物的运动遵循着某种确定性的变化规

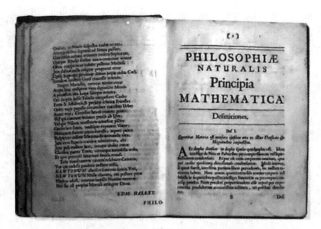

图 1-20　牛顿的《自然哲学之数学原理》

律,而这些规律又是可以被认知的,为人类带来了前所未有的自信。

机械思维以及因其而发明的各种各样的机械,直接导致了人类迄今为止最伟大的事件——工业革命,极大地增加了社会财富,延长了人类寿命,为人类文明带来了前所未有的进步,其核心思想如下。

(1) 世界变化的规律是确定的。

(2) 因为有确定性做保证,因此规律不仅是可以被认知的,而且可以用简单的公式或者语言描述清楚。

(3) 这些规律应该是放之四海皆准的,可以应用到各种未知领域来指导实践。

概括来说,机械思维就是确定性(可预测性)和因果关系。牛顿可以把所有天体运动的规律用几个定律讲清楚,并且应用到任何场合都正确,这就是确定性。类似地,当人们给物体施加一个外力时,它就获得一个加速度,而加速度的大小取决于外力和物体本身的质量,这是一种因果关系。机械思维的所有逻辑都建立在确定性的基础上,它决定了机械思维的适用性。

1.3.2　确定还是不确定的

但是,人们发现,这个世界是确定的,也充满了不确定性。

对于不确定性来说,最好的例子就是股市预测(图 1-21)。如果统计一下各种专家对股市的预测,会发现它们基本上是对错各一半(巴菲特甚至用猴子来比喻这些投资专家)。这一方面是由于影响股市的因素太多,即使是最好的经济学家也很难将这些因素都研究透彻,有太多的不确定因素是他们考虑不到的,因此无法准确预测市场;另一方面是有很多因素是目前人们尚未发现的,或者发现了但是被忽略了,这就使得预测的准确率进一步下降。事实上,美国大部分基金的投资回报率并没有市场的平均值高,这也在很大程度上证明了世界的不确定性。

预测活动本身也影响了被测量的结果,当有人按照某个理论买或卖股票时,其实给股市带来了一个相反的推动力,导致股市在微观上的走向和理论预测的方向相反,从而也增强了股市的不可预测性。

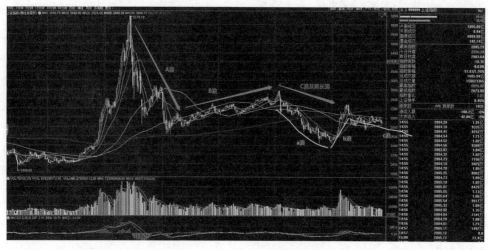

图 1-21　股市预测

这就是世界不确定性的两个主要因素。一个因素,当人们对这个世界的方方面面了解得越细致后,会发现影响世界的变量非常多,无法通过简单方法或公式算出结果。因此,人们宁愿采用一些针对随机事件的方法来处理,人为地把它归为不确定的一类。另一个因素来自客观世界本身,它是宇宙的一个特性。在宏观层面,行星围绕恒星运动的速度和位置是可以准确计算的,从而可以画出它的运动轨迹。但是在微观世界里,电子围绕原子核做高速运动时,人们不可能准确测定出它在某一时刻的位置和运动速度,当然也就不能描绘它的运动轨迹。

1.3.3　解决不确定性问题的思维

要解决不确定性问题,过去可能很难,因为因素太多,确定它的成本太高,且收益并没有想象中的那么大(图 1-22)。得益于由摩尔定律带来的信息革命,数据的产生、存储、传输和处理各个环节的成本都极大地降低,数据量呈现出爆炸性增长,使得收集各个维度的数据成为可能,这就为解决不确定性问题奠定了基础。

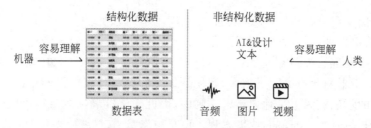

图 1-22　机器无法很好地理解非结构化数据

概括来讲,利用信息来消除不确定性,就是用不确定性的眼光看待世界,再用信息消除不确定性,将很多智能问题转化为信息处理问题。具体到操作方法上,就是用寻找事物的强相关性关系代替原来的寻找因果关系来解决问题。

大数据思维是从大量数据中找到直接答案(即使不知道原因)的思维方法,这为人们寻找解决问题的方法提供了捷径。但是,大数据思维和机械思维并非对立,它更多的是对后者的补充。对于能够找到确定性和因果关系的事物,机械思维依然是最好的方法。但是面对不确定的世界,当无法确定因果关系时,大数据思维将为人们提供新的方法。

1.4 大数据与人工智能

大数据是物联网、Web和信息系统发展的综合结果。大数据相关的技术紧紧围绕数据展开,包括数据的采集、整理、传输、存储、安全、分析、呈现和应用等。大数据的价值主要体现在分析和应用上,如大数据场景分析等。

人工智能是对人的意识、思维的信息过程的模拟。人工智能不是人的智能,但能像人那样思考,甚至也可能超过人的智能。自诞生以来,人工智能的理论和技术日益成熟,应用领域也不断扩大。可以预期,人工智能所带来的科技产品将会是人类智慧的"容器",因此,人工智能是一门极富挑战性的学科。20世纪70年代以来,人工智能被称为世界三大尖端技术(空间技术、能源技术、人工智能)之一,也被认为是21世纪三大尖端技术(基因工程、纳米科学、人工智能)之一,这是因为近几十年来人工智能获得了迅速发展,在很多学科领域都获得了广泛应用,取得了丰硕成果。

人工智能是典型的交叉学科,研究的内容集中在机器学习、自然语言处理、计算机视觉、机器人学、自动推理和知识表示6大方向。机器学习的应用范围比较广泛,如自动驾驶、智慧医疗等领域。人工智能的核心在于"思考"和"决策",如何进行合理的思考和合理的行动是人工智能研究的主流方向之一。

大数据和人工智能的关注点虽然不同,但是却有密切的联系。一方面,人工智能需要大量的数据作为"思考"和"决策"的基础;另一方面,大数据也需要人工智能技术进行数据价值化操作,比如机器学习就是数据分析的常用方式。在大数据价值的两个主要体现当中,数据应用的主要渠道之一就是智能体(人工智能产品),为智能体提供的数据量越大,智能体运行的效果就越好,因为智能体通常需要大量的数据进行"训练"和"验证",从而保障运行的可靠性和稳定性。

大数据相关技术已经趋于成熟,相关的理论体系逐步完善,而人工智能尚处在行业发展的初期,理论体系依然有巨大的发展空间。从学习的角度来说,从大数据开始是个不错的选择,从大数据过渡到人工智能也会相对容易。总的来说,两个技术之间并不存在孰优孰劣的问题,发展空间都非常大。

作　业

1. 所谓"技术系统",是指一种"(　　)"系统,它是人类为了实现某种目的而创造出来的。
 A. 人造　　　　　B. 自然　　　　　C. 工业　　　　　D. 逻辑
2. 最初,"计算机"(Computer)这个词指的是(　　)。
 A. 计算的机器　　B. 做计算的人　　C. 电脑　　　　　D. 计算桌

3. 19世纪20年代,英国发明家查尔斯·巴贝奇开始了对数学机器的研究,他研制的第一台数学机器叫(　　)。

　　A. 计算机　　　　B. 计算器　　　　C. 差分机　　　　D. 分析机

4. 被誉为世界上第一台通用电子数字计算机的是(　　)。

　　A. ENIAC　　　　B. Colossus　　　C. Ada　　　　　D. SSEM

5. 中国的第一台电子计算机诞生于(　　)年。在2021年6月29日公布的全球超算500强榜单中,中国连续第8次蝉联全球拥有超算数量最多的国家。

　　A. 1949　　　　　B. 1971　　　　　C. 1982　　　　　D. 1958

6. 被誉为"人工智能之父"的科学大师是(　　)。

　　A. 爱因斯坦　　　B. 图灵　　　　　C. 钱学森　　　　D. 冯·诺依曼

7. 所谓大数据,狭义上可以定义为(　　)。

　　A. 用现有的一般技术难以管理的大量数据的集合

　　B. 随着互联网的发展,在我们身边产生的大量数据

　　C. 随着硬件和软件技术的发展,数据的存储、处理成本大幅下降,从而促进数据大量产生

　　D. 随着云计算的兴起而产生的大量数据

8. 所谓"用现有的一般技术难以管理",例如是指(　　)。

　　A. 由于数据量的增大,导致对非结构化数据的查询产生了数据丢失

　　B. 用目前企业数据库占据主流地位的关系型数据库无法进行管理的、具有复杂结构的数据

　　C. 分布式处理系统无法承担如此巨大的数据量

　　D. 数据太少无法适应现有的数据库处理条件

9. 大数据的定义是一个被故意设计成主观性的定义,即并不定义大于一个特定数字的TB才叫大数据。随着技术的不断发展,符合大数据标准的数据集容量(　　)。

　　A. 稳定不变　　　B. 略有精简　　　C. 也会增长　　　D. 大幅压缩

10. 可以用3个特征相结合来定义大数据,即(　　)。

　　A. 数量、种类和速度

　　B. 庞大容量、极快速度和丰富的数据

　　C. 数量、速度和价值

　　D. 丰富的数据、极快的速度、极大的能量

11. 数据产生和更新的频率,也是衡量大数据的一个重要特征。在下列选项中,(　　)更能说明大数据速度(速率)这一特征。

　　① 在大数据环境中,数据产生得很快,在极短的时间内就能聚集起大量的数据集。

　　② 从企业的角度来说,数据的速率代表数据从进入企业边缘到能够马上进行处理的时间。

　　③ 处理快速的数据输入流,需要企业设计出弹性的数据处理方案,同时也需要强大的数据存储能力。

　　④ 在数据变化的过程中动态地对大数据的数量和种类执行分析。

A. ①②③   B. ②③④   C. ①③④   D. ①②③④

12. 实际上,大多数的大数据都是(　　)。
 A. 结构化的   B. 非结构化的
 C. 非结构化或半结构化的   D. 半结构化的

13. (　　)已经成为了一种商业资本,一项重要的经济投入可以创造新的经济利益。
 A. 能源   B. 数据   C. 财物   D. 环境

14. 今天,(　　)是人们获得新的认知、创造新的价值的源泉,它还是改变市场、组织机构以及政府与公民关系的方法。
 A. 算法   B. 程序   C. 传感器   D. 大数据

15. 人们可能会将(　　)思维与死板、僵化等贬义词联系在一起,但是在过去的3个多世纪中,它算得上是人类总结出的最重要的思维方式。
 A. 机械   B. 计算   C. 逻辑   D. 具象

16. 作为计算机科学的一个分支,人工智能的英文缩写是(　　)。
 A. CPU   B. AI   C. BI   D. DI

17. 下列关于人工智能的说法,不正确的是(　　)。
 A. 人工智能是关于知识的学科——怎样表示知识以及怎样获得知识并使用知识的科学
 B. 人工智能就是研究如何使计算机去做过去只有人才能做的智能工作
 C. 自1946年以来,人工智能学科经过多年的发展,已经趋于成熟,得到充分应用
 D. 人工智能不是人的智能,但能像人那样思考,甚至也可能超过人的智能

18. 人工智能经常被称为世界三大尖端技术之一,下列说法中错误的是(　　)。
 A. 空间技术、能源技术、人工智能
 B. 管理技术、工程技术、人工智能
 C. 基因工程、纳米科学、人工智能
 D. 人工智能已成为一个独立的学科分支,无论在理论和实践上都已自成系统

19. 人工智能是典型的(　　)学科,研究的内容集中在机器学习、自然语言处理、计算机视觉、机器人学、自动推理和知识表示6大方向。
 A. 交叉   B. 工程   C. 自然   D. 心智

20. 大数据和人工智能虽然关注点不同,但是却有密切的联系。比如(　　)就是数据分析的常用方式。
 A. 具象分析   B. 机器学习   C. 人机交互   D. 机器视觉

【研究性学习】 进入大数据时代

所谓"研究性学习",是以培养学生"具有永不满足、追求卓越的态度,发现问题、提出问题、从而解决问题的能力"为基本目标;以学生从学习和社会生活中获得的各种课题或项目设计、作品的设计与制作等为基本的学习载体;以在提出问题和解决问题的全过程中学习到的科学研究方法、获得的丰富且多方面的体验和获得的科学文化知识为基本内容;

以在教师指导下学生自主开展研究为基本教学形式的课程。

在本书中,我们结合各章的学习内容,精心选取了系列【导读案例】,用一篇篇精悍的文章试图引导读者对本课程的兴趣与理解,着眼于通过深度阅读来使学生掌握学习方法,着眼于"如何灵活应用这一技术"来"开动对未来的想象力"。

(1)**组织学习小组**。"研究性学习"活动需要通过学习小组,以集体形式开展活动。为此,请你邀请或接受其他同学的邀请,组成研究性学习小组。小组成员以5～7人为宜。

你们的小组成员是:

召集人:_____(专业、班级:_____)
组员: _____(专业、班级:_____)
        _____(专业、班级:_____)
        _____(专业、班级:_____)
        _____(专业、班级:_____)
        _____(专业、班级:_____)
        _____(专业、班级:_____)

(2)**小组活动**:结合本章的【导读案例】,讨论以下问题。

① 计算机的发展经历了哪几代?冯·诺依曼计算机的基本组成是什么?

② 最早是电脑时代,接着有网络时代,请讨论,按时间发展,罗列出你们所知道的信息技术发展的各个时代及其时代特征。

③ 大数据时代对人们的职业生涯有什么影响?

记录:请记录小组讨论的主要观点,推选代表在课堂上简单阐述你们的观点。

评分规则:若小组汇报得5分,则小组汇报代表得5分,其余同学得4分,其余类推。

_____

_____

_____

_____

实验评价(教师)

_____

_____

大数据思维变革

【导读案例】 亚马逊推荐系统

虽然亚马逊的故事大多数人都耳熟能详,但只有少数人知道它早期的书评内容最初是由人工完成的。当时,它聘请了一个由20多名书评家和编辑组成的团队,他们写书评,推荐新书,挑选非常有特色的新书标题放在亚马逊的网页上。这个团队创立了"亚马逊的声音"这个版块,成为当时公司皇冠上的一颗宝石,是其竞争优势的重要来源。《华尔街日报》的一篇文章中热情地称他们为全美最有影响力的书评家,因为他们使得书籍销量猛增(图2-1)。

图 2-1 亚马逊推荐系统

亚马逊公司的创始人及总裁杰夫·贝索斯决定尝试一个极富创造力的想法:根据客户个人以前的购物喜好为其推荐相关的书籍。

从一开始,亚马逊就从每一个客户那里收集了大量数据。比如说,他们购买了什么书籍?哪些书他们只浏览却没有购买?他们浏览了多久?哪些书是他们一起购买的?客户的信息数据量非常大,所以亚马逊必须先用传统的方法对其进行处理,通过样本分析找到客户之间的相似性。但这些推荐信息是非常原始的,就如同你在买一件婴儿用品时,会被淹没在一堆差不多的婴儿用品中一样。詹姆斯·马库斯回忆说:"推荐信息往往为你提供与你以前购买物品有微小差异的产品,并且循环往复。"

亚马逊的格雷格·林登很快就找到了一个解决方案。他意识到,推荐系统实际上并没有必要把顾客与其他顾客进行对比,这样做其实在技术上也比较烦琐。它需要做的是找到产品之间的关联性。1998年,林登和他的同事申请了著名的"item-to-item"(逐项)协同过滤技术的专利。方法的转变使技术发生了翻天覆地的变化。

因为估算可以提前进行,所以推荐系统不仅快,而且适用于各种各样的产品。因此,当亚马逊跨界销售除书以外的其他商品时,也可以对电影或烤面包机这些产品进行推荐。由于系统中使用了所有的数据,推荐会更理想。林登回忆说:"在组里有句玩笑话,说的是如果系统运作良好,亚马逊应该只推荐你一本书,而这本书就是你将要买的下一本书。"

现在,公司必须决定什么应该出现在网站上。是亚马逊内部书评家写的个人建议和评论,还是由机器生成的个性化推荐和畅销书排行榜?

林登做了一个关于评论家所创造的销售业绩和计算机生成内容所产生的销售业绩的对比测试,结果发现两者之间相差甚远。他解释说,通过数据推荐产品所增加的销售远远超过书评家的贡献。计算机可能不知道为什么喜欢海明威作品的客户会购买菲茨杰拉德的书,但是这似乎并不重要,重要的是销量。最后,编辑们看到了销售额分析,亚马逊也不得不放弃每次的在线评论,最终,书评组被解散了。林登回忆说:"书评团队被打败、被解散,我感到非常难过。但是,数据没有说谎,人工评论的成本是非常高的。"

如今,据说亚马逊销售额的1/3都来自于它的个性化推荐系统。有了它,亚马逊不仅使很多大型书店和音乐唱片商店歇业,而且当地数百个自认为有自己风格的书商也难免受转型之风的影响。

知道人们为什么对这些信息感兴趣可能是有用的,但这个问题目前并不是很重要。但是,知道"是什么"可以创造点击率,这种洞察力足以重塑很多行业,而不仅仅只是电子商务。所有行业中的销售人员早already被告知,他们需要了解是什么让客户做出了选择,要把握客户做决定背后的真正原因,因此专业技能和多年的经验受到高度重视。大数据却显示,还有另外一个在某些方面更有用的方法。亚马逊的推荐系统梳理出了有趣的相关关系,但不知道背后的原因——知道是什么就够了,没必要知道为什么。

资料来源:周苏.大数据导论[M].北京:清华大学出版社,2016:65-66.

阅读上文,请思考、分析并简单记录:

(1) 你熟悉亚马逊、京东、天猫等电商网站的推荐系统吗?请列举这样的实例。(你选择购买什么商品,网站又给你推荐了其他什么商品?)

答:

(2) 亚马逊书评组和林登推荐系统各自成功的基础是什么?

答:

(3) 为什么亚马逊书评组最终输给了林登推荐系统？请说说你的观点。

答：_____

_____

_____

(4) 请简单描述你所知道的上一周内发生的国际、国内或者身边的大事。

答：_____

_____

_____

2.1 思维转变之一：样本=总体

随着人类对世界认识得越来越清楚，人们发现世界本身存在着很大的不确定性；再加上原有的机械思维寻找因果关系，其难度非常大，除了靠物质条件、努力外，还需要靠灵感和运气，很多问题难以解决，或者解决的成本太高、时间周期太长。这就使得大数据思维在当今这个时代显得越发重要。

人类使用数据已经有相当长一段时间，无论是日常进行的大量非正式观察，还是过去几个世纪以来在专业层面上用高级算法进行的量化研究，都与数据有关。

在数字化时代，数据处理变得更加容易、更加快速，人们能够在瞬间处理成千上万的数据。实际上，大数据的精髓在于发现和理解信息内容及信息与信息之间的关系，在于人们分析信息时的三个转变，这些转变相互联系和相互作用，将改变人们理解和组建社会的方法。

19 世纪以来，当面临大量数据时，社会都依赖于采样分析，而采样分析是信息缺乏时代和信息流通受限制的模拟数据时代的产物。以前人们通常把这看成理所当然的限制，但高性能数字技术的流行让人们意识到，这其实是一种人为的限制。与局限在小数据范围相比，使用一切数据为人们带来了更高的精确性，也让人们看到了一些以前无法发现的细节——大数据让人们更清楚地看到了样本无法揭示的细节信息。

大数据时代的第一个转变是，可以分析更多的数据，有时候甚至可以处理和某个特别现象或事物相关的所有数据，而不再是只依赖于随机采样，分析少量的数据样本。

很长时间以来，因为记录、储存和分析数据的工具不够好，为了让分析变得简单，人们把数据量缩减到最少，依据少量数据进行分析，但准确分析大量数据一直都是一种挑战。如今，信息技术已经有了非常大的提高，虽然人类可以处理的数据依然是有限的，但是可以处理的数据量已经大大地增加，而且未来会越来越多。

在某些方面，人们依然没有完全意识到自己拥有了能够收集和处理更大规模数据的能力，还是在信息匮乏的假设下做很多事情，假定自己只能收集到少量信息。这是一个自我实现的过程。人们甚至发展了一些使用尽可能少的信息技术。例如，统计学的一个目的就是用尽可能少的数据来证实尽可能重大的发现。事实上，人们形成了一种习惯，那就是在制度、处理过程和激励机制中尽可能地减少数据的使用。

2.1.1 小数据时代的随机采样

数千年来,政府一直都试图通过收集信息来管理民众,只是到最近,小企业和个人才有可能拥有大规模收集和分类数据的能力,而此前,大规模的计数则是政府的事情。

以人口普查为例。据说古代埃及曾进行过人口普查,《旧约》和《新约》都提及过此事。那次由罗马帝国的开国君主、元首政制的创始人奥古斯都·凯撒(公元前63年9月23日—公元14年8月19日,图2-2)主导实施的人口普查,提出了"每个人都必须纳税"。

图 2-2 奥古斯都·凯撒

1086年的《末日审判书》对当时英国的人口、土地和财产做了一个前所未有的全面记载。皇家委员穿越整个国家,对每个人、每件事都做了记载,后来这本书用《圣经》中的《末日审判书》命名,因为每个人的生活都被赤裸裸地记载下来的过程就像接受"最后的审判"一样。然而,人口普查是一项耗资且费时的事情,尽管如此,当时收集的信息也只是一个大概情况,实施人口普查的人也知道他们不可能准确记录下每个人的信息。实际上,"人口普查"这个词来源于拉丁语的"censere",本意就是推测、估算。

300多年前,一个名叫约翰·格朗特的英国缝纫用品商提出一个很有新意的方法,推算鼠疫时期伦敦的人口数,这就是后来的统计学。虽然这个方法比较粗糙,但采用这个方法,人们可以利用少量有用的样本信息来获取人口的整体情况。虽然后来证实他能够得出正确的数据仅仅是因为运气好,但当时他的方法大受欢迎。样本分析法一直都有较大的漏洞,因此,无论是执行人口普查还是其他大数据类的任务,人们还是一直使用清点这种"野蛮"的方法。

考虑到人口普查的复杂性以及耗时耗费的特点,政府极少进行普查。古罗马在拥有数十万人口的时候每5年普查一次。美国宪法规定每10年进行一次人口普查,而随着国家人口越来越多,只能以百万计数。但是到19世纪为止,即使这样不频繁的人口普查依然很困难,因为数据变化的速度超过了人口普查局统计分析的能力。

美国在1880年进行的人口普查,耗时8年才完成数据汇总。因此,他们获得的很多数据都是过时的。1890年进行的人口普查,预计要花费13年的时间来汇总数据。然而,因为税收分摊和国会代表人数确定都是建立在人口基础上的,因此必须获得正确且及时的数据。很明显,当人们被数据淹没的时候,已有的数据处理工具已经难以应付,所以就需要有新技术。后来,美国人口普查局就和美国发明家赫尔曼·霍尔瑞斯(被称为现代自动计算之父)签订了一个协议,用他的穿孔卡片制表机(图2-3)来完成1890年的人口普查。

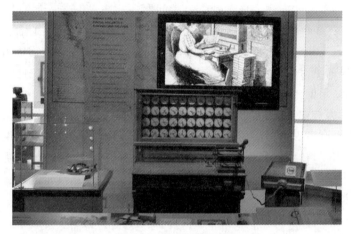

图2-3 霍尔瑞斯普查机

经过大量的努力,霍尔瑞斯成功地在1年时间内完成了人口普查的数据汇总工作。这简直就是一个奇迹,它标志着自动处理数据的开端,也为后来IBM公司的成立奠定了基础。但是,将其作为收集处理大数据的方法依然过于昂贵。毕竟,每个美国人都必须填一张可制成穿孔卡片的表格,然后再进行统计。在这么麻烦的情况下,很难想象如果不足10年就要进行一次人口普查该怎么办。对于一个跨越式发展的国家而言,10年一次的人口普查的滞后性已经让普查失去了大部分意义。

这就是问题所在,是利用所有的数据还是仅仅采用一部分呢?最明智的自然是得到有关被分析事物的所有数据,但是当数量无比庞大时,这又不太现实。那如何选择样本呢?有人提出有目的地选择最具代表性的样本是最恰当的方法。1934年,波兰统计学家耶日·奈曼指出,这只会导致更多、更大的漏洞。事实证明,问题的关键是选择样本时的随机性。

统计学家们证明:采样分析的精确性随着采样随机性的增加而大幅提高,但与样本数量的增加关系不大。虽然听起来很不可思议,但事实上,研究表明,当样本数量达到了某个值之后,人们从新个体身上得到的信息会越来越少,就如同经济学中的边际效应递减一样。

认为样本选择的随机性比样本数量更重要,这种观点非常有见地。这种观点为人们开辟了一条收集信息的新道路。通过收集随机样本,人们可以用较少的花费做出高精度的推断。因此,政府每年都可以用随机采样的方法进行小规模的人口普查,而不是只能每10年进行一次。事实上,政府也这样做了。例如,除了10年一次的人口大普查,美国人口普查局每年都会用随机采样的方法对经济和人口进行 200 多次小规模的调查。当收集和分析数据都不容易时,随机采样就成为应对信息采集困难的办法。

在商业领域,随机采样被用来监管商品质量。这使得监管商品质量和提升商品品质变得更容易,花费也更少。以前,全面的质量监管要求对生产出来的每个产品进行检查,而现在只需从一批商品中随机抽取部分样品进行检查就可以了。本质上来说,随机采样让大数据问题变得更加切实可行。同理,它将客户调查引进了零售行业,将焦点讨论引进了政治界,也将许多人文问题变成了社会科学问题。

随机采样取得了巨大的成功,成为现代社会、现代测量领域的主心骨。但这只是一条捷径,是在不可收集和分析全部数据的情况下的选择,它本身存在许多固有的缺陷。它的成功依赖于采样的绝对随机性,但是实现采样的随机性非常困难。一旦采样过程中存在任何偏见,分析结果就会相去甚远。

在美国总统大选中,以固定电话用户为基础进行投票民调就面临这样的问题,采样缺乏随机性,因为没有考虑到只使用移动电话的用户——这些用户一般更年轻和更热爱自由,不考虑这些用户,自然就得不到正确的预测。在 2008 年奥巴马与麦凯恩之间进行的美国总统大选中,盖洛普咨询公司、皮尤研究中心、美国广播公司和《华盛顿邮报》这些主要的民调组织都发现,如果不把移动用户考虑进来,民意测试的结果就会出现 3 个点的偏差,而一旦考虑进来,偏差就只有 1 个点。鉴于这次大选的票数差距极其微弱,这已经是非常大的偏差了。

更糟糕的是,随机采样不适合考察子类别的情况。因为一旦继续细分,随机采样结果的错误率会大大增加。因此,当人们想了解更深层次的细分领域的情况时,随机采样的方法就不可取。在宏观领域起作用的方法在微观领域失去了作用。随机采样就像是模拟照片打印,远看很不错,但是一旦聚焦某个点,就会变得模糊不清。

随机采样也需要严密的安排和执行。人们只能从采样数据中得出事先设计好的问题的结果。所以,虽然随机采样是一条捷径,但它并不适用于一切情况,因为这种调查结果缺乏延展性,即调查得出的数据不可以重新分析,以实现计划之外的目的。

2.1.2 大数据与乔布斯的癌症治疗

看一下 DNA(图 2-4)分析。由于该技术成本大幅下跌及其在医学方面的广阔前景,个人基因排序成为了一门新兴产业。从 2007 年起,硅谷的新兴科技基因测序公司 23andMe 就开始分析人类基因,价格仅为几百美元。这可以揭示出人类遗传密码中一些会导致其对某些疾病抵抗力差的特征,如乳腺癌和心脏病。23andMe 希望能通过整合顾客的 DNA 和健康信息了解到用其他方式不能获取的新信息。公司对某人的一小部分 DNA 进行排序,标注出几十个特定的基因缺陷。这只是该人整个基因密码的样本,还有几十亿个基因碱基对未排序。最后,23andMe 只能回答其标注过的基因组表现出来的问题。发现新标注时,该人的 DNA 必须重新排序,更准确地说,是相关的部分必须重新排列。只研究样本而不是整体,有利有弊:能更快更容易地发现问题,但不能回答事先未考虑到的问题。

苹果公司的传奇总裁史蒂夫·乔布斯在与癌症斗争的过程中采用了不同的方式,成

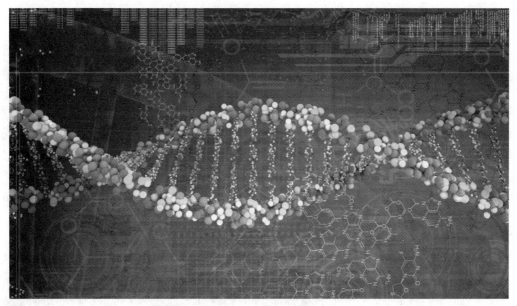

图 2-4　DNA

为世界上第一个对自身所有 DNA 和肿瘤 DNA 进行排序的人。为此,他支付了高达几十万美元的费用,这是 23andMe 报价的几百倍之多。所以,他得到的不是一个只有一系列标记的样本,他得到了包括整个基因密码的数据文档。

对于一个普通的癌症患者,医生只能期望他的 DNA 排列同试验中使用的样本足够相似。但是,史蒂夫·乔布斯的医生们能够基于乔布斯的特定基因组成,按所需效果用药。如果癌症病变导致药物失效,医生可以及时更换另一种药。乔布斯曾经开玩笑地说:"我要么是第一个通过这种方式战胜癌症的人,要么就是最后一个因为这种方式死于癌症的人。"虽然他的愿望都没有实现,但是这种获得所有数据而不仅是样本的方法还是将他的生命延长了好几年。

2.1.3　全数据模式:样本＝总体

采样的目的是用最少的数据得到最多的信息,而当人们可以获得海量数据的时候,它就没有什么意义了。如今,计算和制表不再像过去一样困难。感应器、手机导航、网站点击和微信等被动地收集了大量数据,而计算机可以轻易地对这些数据进行处理。但是,数据处理技术已经发生了翻天覆地的改变,但人们的方法和思维却没有跟上这种改变。

采样忽视细节考察的缺陷现在越来越难以被忽视。在很多领域,从收集部分数据到收集尽可能多的数据的转变已经发生。如果可能,收集所有的数据,即"样本＝总体"。

"样本＝总体"是指人们能对数据进行深度探讨。在上面提到的有关采样的例子中,用采样的方法分析情况,正确率可达 97%。对于某些事物来说,3% 的错误率是可以接受的。但是你无法得到一些微观细节的信息,甚至还会失去对某些特定子类别进行进一步研究的能力。人们不能满足于正态分布一般中庸平凡的景象。生活中有很多事情经常藏匿在细节之中,而采样分析法却无法捕捉到这些细节。

分析整个数据库,而不是对一个小样本进行分析,能够提高微观层面分析的准确性,甚至能够推测出某个特定城市的流感状况。所以,现在经常会放弃样本分析这条捷径,选择收集全面而完整的数据。但是人们需要足够的数据处理和存储能力,也需要最先进的分析技术。同时,简单廉价的数据收集方法也很重要。过去,这些问题中的任何一个都很棘手。在一个资源有限的时代,要解决这些问题需要付出很高的代价。但是现在解决这些难题已经变得简单容易得多。曾经只有大公司才能做到的事情,现在绝大部分的公司都可以做到。

通过使用所有的数据可以发现,如若不然,则将会在大量数据中淹没。例如,信用卡诈骗是通过观察异常情况来识别的,只有掌握了所有的数据才能做到这一点。在这种情况下,异常值是最有用的信息,可以把它与正常交易情况进行对比。这是一个大数据问题。而且,因为交易是即时的,所以数据分析也应该是即时的。

然而,使用所有的数据并不代表这是一项艰巨的任务。大数据中的"大"不是绝对意义上的大,虽然在大多数情况下是这个意思。完整的人体基因组大约有 30 亿个碱基对。但这只是单纯的数据节点的绝对数量,不代表它们就是大数据。大数据是指不用随机分析法这样的捷径,而采用所有数据的方法,乔布斯的医生们采取的就是这种大数据的方法。

因为大数据是建立在掌握所有数据,至少是尽可能多的数据的基础上的,所以就可以正确地考察细节并进行新的分析。在任何细微的层面,都可以用大数据去论证新的假设。大数据让人们发现了对抗癌症需要针对的那部分 DNA,让人们能清楚地分析微观层面的情况。当然,有时候还是可以使用样本分析法,但是更多时候,利用手中掌握的所有数据成为了最好也是可行的选择。

社会科学是被"样本=总体"撼动得最厉害的学科。随着大数据分析取代了样本分析,社会科学不再单纯依赖于分析实证数据。这门学科过去曾非常依赖样本分析、研究和调查问卷。当记录下来的是人们的平常状态,也就不用担心在做研究和调查问卷时存在的偏见了。现在,人们可以收集过去无法收集到的信息,不管是通过移动电话表现出的关系,还是通过推特信息表现出的感情。更重要的是,现在也不再依赖抽样调查了,甚至慢慢地会完全抛弃样本分析。

2.2 思维转变之二:接受数据的混杂性

当人们测量事物的能力受限时,关注最重要的事情和获取最精确的结果是可取的。直到今天,数字技术依然建立在精准的基础上。假设只要电子数据表格将数据排序,数据库引擎就可以找出和检索的内容完全一致的检索记录。

这种思维方式适用于掌握"小数据量"的情况,因为需要分析的数据很少,所以必须尽可能精准地量化记录。在某些方面,人们已经意识到了差别。例如,一个小商店在晚上打烊的时候要把收银台里的每分钱都数清楚,但是人们不会、也不可能用"分"这个单位去精确度量国民生产总值。随着规模的扩大,对精确度的痴迷将减弱。

达到精确需要有专业的数据库。针对小数据量和特定的事情,追求精确性依然是可行的,比如一个人的银行账户上是否有足够的钱开具支票。但是,在这个大数据时代,很多时候追求精确度已经变得不可行,甚至不受欢迎了。当拥有海量即时数据时,绝对的精准不再是人们追求的主要目标。大数据纷繁多样,优劣掺杂,分布在全球多个服务器上。拥有了大数据,人们不再需要对一个现象刨根究底,只要掌握大体的发展方向即可。当然,人们也不是完全放弃了精确度,只是不再沉迷于此。适当忽略微观层面上的精确度会让人们在宏观层面拥有更好的洞察力。

大数据时代的第二个转变是,研究数据如此之多,以至于人们不再热衷于追求其精确度。在大数据时代,人们乐于接受数据的纷繁复杂,而不再一味追求其精确性。数据量的大幅增加会造成结果的不准确,与此同时,一些错误的数据也会混进数据库。然而,重点是要能够努力避免这些问题。但是人们从不认为这些问题是无法避免的,而且也正在学会接受它们。

2.2.1 允许不精确

对"小数据"而言,最基本、最重要的要求就是减少错误,保证质量。因为收集的信息量比较少,所以必须确保记录下来的数据尽量精确。无论是确定天体的位置还是观测显微镜下物体的大小,为了使结果更加准确,很多科学家都致力于优化测量的工具。采样的时候,对精确度的要求就更高、更苛刻了。因为收集信息的有限意味着细微的错误会被放大,甚至有可能影响整个结果的准确性。

在历史上很多时候,人们会把通过测量世界来征服世界视为最大的成就。事实上,对精确度的高要求始于 13 世纪中期的欧洲。那时天文学家和学者对时间、空间的研究采取了比以往更精确的量化方式,用历史学家阿尔弗雷德·克罗斯比的话来说就是"测量现实"。后来,测量方法逐渐被运用到科学观察、解释方法中,体现为一种进行量化研究、记录,并呈现可重复结果的能力。伟大的物理学家开尔文男爵曾说过:"测量就是认知。"这已成为一条至理名言。同时,很多数学家以及后来的精算师和会计师都发展了可以准确收集、记录和管理数据的方法。

然而,在不断涌现的新情况里,允许不精确的出现已经成为一个亮点,而非缺点。因为放松了容错的标准,人们掌握的数据也多了,还可以利用这些数据做更多新的事情。这样就不是大量数据优于少量数据那么简单了,而是大量数据创造了更好的结果。

同时,人们需要与各种各样的混乱做斗争。混乱,简单地说就是随着数据的增加,错误率也会相应增加。所以,如果桥梁的压力数据量增加 1000 倍,其中部分读数就可能是错误的,而且随着读数量的增加,错误率可能也会继续增加。整合来源不同的各类信息的时候,因为通常它们不完全一致,所以也会加大混乱程度。

混乱还可以指格式的不一致性,因为要达到格式一致,就需要在进行数据处理之前仔细地清洗数据,而这在大数据背景下很难做到。例如,称呼 IBM 公司就可以有数不尽的方法。

当然,在萃取或处理数据的时候,混乱也会发生。因为数据转换的过程是把它变成另外的事物。例如,假设你要测量一个葡萄园的温度,但是整个葡萄园只有一个温度测量仪,那就必须确保这个测量仪是精确的而且能够一直工作;反过来,如果每100棵葡萄树就有一个测量仪,有些测量数据可能会错,可能会更加混乱,但众多的读数合起来就可以提供一个更加准确的结果。因为这里包含了更多的数据,而它不仅能抵消掉错误数据造成的影响,还能提供更多的额外价值。

再来想想增加读数频率的事情。如果每隔一分钟就测量一下温度,至少还能够保证测量结果是按照时间有序排列的。如果变成每分钟测量十次甚至百次,不仅读数可能出错,连时间先后都可能搞混。试想,如果信息在网络中流动,那么一条记录很可能在传输过程中被延迟,在其到达的时候已经没有意义了,甚至干脆在奔涌的信息洪流中彻底迷失。虽然人们得到的信息不再那么准确,但收集到的数量庞大的信息让人们放弃严格精确的选择变得更为划算。

可见,为了获得更广泛的数据而牺牲了精确性,也因此看到了很多如若不然无法被关注到的细节。或者,为了高频率而放弃了精确性,结果观察到了一些本可能错过的变化。虽然下足够多的工夫,这些错误是可以避免的,但在很多情况下,与致力于避免错误相比,对错误的包容会带给我们更多好处。

"大数据"通常用概率说话。人们可以在大量数据对计算机其他领域进步的重要性上看到类似的变化。如摩尔定律所预测的,过去一段时间里计算机的数据处理能力有了很大的提高。摩尔定律认为,每块芯片上晶体管的数量每两年就会翻一倍,这使得计算机运行更快速,存储空间更大。大家没有意识到的是,驱动各类系统的算法也进步了。有报告显示,在很多领域,这些算法带来的进步还要胜过芯片的进步。然而,社会从"大数据"中所能得到的,并非来自运行更快的芯片或更好的算法,而是更多的数据。

大数据在多大程度上优于算法,这个问题在自然语言处理上表现得很明显(这是关于计算机如何学习和领悟人类语言的学科方向)。2000年,微软研究中心的米歇尔·班科和埃里克·布里尔一直在寻求改进Word程序中语法检查的方法。但是他们不能确定是努力改进现有的算法、研发新的方法,还是添加更加细腻、精致的特点更有效。所以,在实施这些措施之前,他们决定在现有的算法中添加更多的数据,看看会有什么不同的变化。很多对计算机学习算法的研究都建立在百万字左右的语料库基础上。最后,他们决定在4种常见的算法中逐渐添加数据,先是1000万字,再到1亿字,最后到10亿字。

结果有点令人吃惊。他们发现,随着数据的增多,4种算法的表现都大幅提高。当数据只有500万时,有一种简单的算法表现得很差,但当数据达10亿时,它变成了表现最好的,准确率从原来的75%提高到95%以上。与之相反的,在少量数据情况下运行最好的算法,当加入更多的数据时,也会像其他算法一样有所提高,但是却变成了在大量数据条件下运行最不好的,其准确率会从86%提高到94%。

后来,班科和布里尔在他们发表的研究论文中写到,"如此一来,我们得重新衡量一下更多的人力物力是应该消耗在算法发展上还是在语料库发展上。"

2.2.2 大数据简单算法与小数据复杂算法

在20世纪40年代的电子管计算机时代,机器翻译还只是计算机开发人员的一个想法。冷战时期,美国掌握了大量关于苏联的各种资料,但缺少翻译这些资料的人手。所以,计算机翻译也成了亟待解决的问题。

最初,计算机研发人员打算将语法规则和双语词典结合在一起。1954年,IBM以计算机中的250个词语和6条语法规则为基础,将60个俄语词组翻译成了英语,结果振奋人心。IBM 701通过穿孔卡片读取了一句话,并将其译成"我们通过语言来交流思想"。在庆祝这个成就的发布会上,一篇报道就提到,这60句话翻译得很流畅。这个程序的指挥官利昂·多斯特尔特表示,他相信"在三五年后,机器翻译将会变得很成熟"。

事实证明,计算机翻译最初的成功误导了人们。从事机器翻译的研究人员意识到,翻译比他们想象得更困难,机器翻译不能只是让计算机熟悉常用规则,还必须教会它处理特殊的语言情况。毕竟,翻译不仅仅只是记忆和复述,也涉及选词,而明确地教会计算机这些非常不现实。

20世纪80年代后期,IBM的研发人员提出了一个新的想法。与单纯教给计算机语言规则和词汇相比,他们试图让计算机自己估算一个词或一个词组适合于翻译另一种语言中的一个词和词组的可能性,然后再决定某个词和词组在另一种语言中的对等词和词组。

20世纪90年代,IBM这个名为Candide的项目花费了大概10年的时间,将大约有300万句之多的加拿大议会资料译成了英语和法语,并出版。由于它是官方文件,翻译的标准就非常高。用那个时候的标准来看,数据量非常庞大。统计机器学习从诞生之日起,就聪明地把翻译的挑战变成了一个数学问题,而这似乎很有效!计算机的翻译能力在短时间内提高了很多。然而,在这次飞跃之后,IBM公司尽管投入了很多资金,但取得的成效不大。最终,IBM公司停止了这个项目。

2006年,谷歌公司也开始涉足机器翻译。这被当作实现"收集全世界的数据资源,并让人人都可享受这些资源"这个目标的一个步骤。谷歌翻译开始利用一个更大、更繁杂的数据库,也就是全球的互联网,而不再只利用两种语言之间的文本翻译。

为了训练计算机,谷歌翻译系统会吸收它能找到的所有翻译。它会从各种各样语言的公司网站上寻找对译文档,还会寻找联合国和欧盟这些国际组织发布的官方文件和报告的译本。它甚至会吸收速读项目中的书籍翻译。谷歌翻译部的负责人弗朗兹·奥齐是机器翻译界的权威,他指出,"谷歌的翻译系统不会像Candide一样只是仔细地翻译300万句话,它会掌握用不同语言翻译的质量参差不齐的数十亿页的文档。"不考虑翻译质量的话,上万亿的语料库就相当于950亿句英语。

尽管输入源很混乱,但较其他翻译系统而言,谷歌的翻译质量还是最好的,而且可翻译的内容更多。到2012年年中,谷歌数据库涵盖了60多种语言,甚至能够接受14种语言的语音输入,并有很流利的对等翻译。谷歌翻译之所以能做到这些,是因为它将语言视为能够判别可能性的数据,而不是语言本身。如果要将印度语译成加泰罗尼亚语,谷歌就会把英语作为中介语言,因为在翻译的时候它能适当增减词汇,所以谷歌的翻译比其他系统的翻译灵活很多。

谷歌的翻译之所以更好,并不是因为它拥有一个更好的算法机制。和微软的班科和布里尔一样,这是因为谷歌翻译增加了各种各样的数据。从谷歌的例子来看,它之所以能比IBM的Candide系统多利用成千上万的数据,是因为它接受了有错误的数据。2006

年,谷歌发布的上万亿的语料库就是来自于互联网的一些废弃内容。这就是"训练集",可以正确地推算出英语词汇搭配在一起的可能性。

谷歌公司人工智能专家彼得·诺维格在一篇《数据的非理性效果》的文章中写道,"大数据基础上的简单算法比小数据基础上的复杂算法更加有效。"他们指出,混杂是关键。

由于谷歌语料库的内容来自未经过滤的网页内容,所以它会包含一些不完整的句子、拼写错误、语法错误以及其他各种错误。况且,它也没有详细的人工纠错后的注解。但是,谷歌语料库的数据优势完全压倒了缺点。

2.2.3 纷繁的数据越多越好

通常,传统的统计学家都很难容忍错误数据的存在。收集样本时,他们会用一整套的策略来减少错误发生的概率。在结果公布之前,他们也会测试样本是否存在潜在的系统性偏差。这些策略包括根据协议或通过受过专门训练的专家来采集样本。但是,即使只是少量的数据,这些规避错误的策略实施起来还是耗费巨大。尤其是收集所有数据时,这就行不通了。不仅因为耗费巨大,还因为在大规模的基础上保持数据收集标准的一致性不太现实。

大数据时代要求重新审视数据精确性的优劣。如果将传统的思维模式运用于数字化、网络化的21世纪,就有可能错过重要的信息。如今,人们掌握的数据库越来越全面,包括与这些现象相关的大量甚至全部数据。不再需要担心某个数据点对整套分析的不利影响,要做的就是接受这些纷繁的数据,并从中受益,而不是以高昂的代价消除所有的不确定性。

在华盛顿州布莱恩市的英国石油公司切里波因特炼油厂(图2-5)中,无线感应器遍布整个工厂,形成无形的网络,能够产生大量实时数据。在这里,酷热的恶劣环境和电气设备的存在有时会对感应器读数有所影响,形成错误的数据。但是数据的数量之多可以弥补这些小错误。随时监测管道的承压使得公司了解到有些种类的原油比其他种类更具有腐蚀性,而此前这都是无法发现,也无法防止的。

图2-5 切里波因特炼油厂

有时候,掌握了大量新数据时,精确性就不那么重要了,同样可以掌握事情的发展趋势。大数据不仅让人们不再期待精确性,也让人们无法实现精确性。然而,除了一开始会与直觉相矛盾之外,接受数据的不精确和不完美,反而能够更好地进行预测,也能够更好地理解这个世界。

值得注意的是,错误性并不是大数据本身固有的特性,而是一个亟须处理的现实问题,并且有可能长期存在。它只是用来测量、记录和交流数据的工具的一个缺陷。拥有更大数据量所能带来的商业利益远远超过增加一点精确性,所以通常人们不会再花大力气去提升数据的精确性。这正如以前,统计学家们总是把他们的兴趣放在提高样本的随机性而不是数量上。如今,大数据带来的利益,让人们接受了不精确的存在。

2.2.4 混杂性是标准途径

长期以来,人们一直用分类法和索引法来帮助自己存储和检索数据资源。在"小数据"范围内,这样的分级系统通常都不完善,但很有效,而一旦把数据规模增加好几个数量级,这些预设一切都各就各位的系统就会崩溃。

照片分享网站Flickr拥有来自大概1亿用户的60亿张照片(图2-6)。这时,根据预先设定好的分类来标注每张照片就没有意义。恰恰相反的是,清楚的分类被更混乱却更灵活的机制取代。

图2-6　Flickr年度热门图片

当人们上传照片到Flickr网站时,会给照片添加标签,也就是使用一组文本标签来编组和搜索这些资源。人们用自己的方式创造和使用标签,所以它没有标准、没有预先设定的排列和分类,也没有必须遵守的类别规定。任何人都可以输入新的标签,标签内容事实上就成为网络资源的分类标准。标签被广泛地应用于脸书、博客等社交网络上。因为它们的存在,互联网上的资源变得更加容易找到,特别是像图片、视频和音乐这些无法用关键词搜索的非文本类资源。

当然,有时错误的标签会导致资源编组的不准确,但这种混乱的方法也带来了很多好处。例如,人们拥有了更加丰富的标签内容,同时能更深、更广地获得各种照片。通过合并多个搜索标签可以过滤需要寻找的照片,这在以前是无法完成的。添加标签时的不准确性,从某种意义上说明人们能够接受世界的纷繁复杂,这是对更加精确系统的一种对抗。事实上,现实是纷繁复杂的,天地间存在的事物也远远多于系统所设想的。

人们在网站上见到一个"喜欢"按钮时,可以看到很多人都在单击。当数量不多时,会显示像"63"这种具体的数字。当数量很大时,则只会显示近似值,如"4000"。这并不代表系统不知道正确的数据是多少,只是当数量规模变大时,确切的数量已经不那么重要。另外,数据更新得非常快,甚至在刚刚显示出来的时候可能就已经过时。如今,要想获得大规模数据带来的好处,混乱应该是一种标准途径,而不应该是被竭力避免的。

2.2.5　5%的数字数据与95%的非结构化数据

据估计,只有5%的数字数据是结构化的,且能适用于传统数据库。如果不接受混乱,剩下95%的非结构化数据都无法被利用,如网页和视频资源。通过接受不精确性,人们打开了一个从未涉足的世界的窗户。

怎么看待使用所有数据和使用部分数据的差别,以及怎样选择放松要求并取代严格的精确性,将会对人们与世界的沟通产生深刻的影响。随着大数据技术成为日常生活中的一部分,人们应该开始从一个比以前更大、更全面的角度来理解事物,也就是说应该将"样本=总体"植入思维中。

相比依赖于小数据和精确性的时代,大数据因为更强调数据的完整性和混杂性,帮助人们进一步接近事实的真相。"部分"和"确切"的吸引力是可以理解的。但是,当视野局限在人们可以分析和能够确定的数据上时,人们对世界的整体理解就可能产生偏差和错误。不仅失去了尽力收集一切数据的动力,也失去了从各个不同角度来观察事物的权利。所以,局限于狭隘的小数据中,人们可以自豪于对精确性的追求,但是就算可以分析得到细节中的细节,也依然会错过事物的全貌。大数据要求人们有所改变,人们必须能够接受混乱和不确定性。

2.3　思维转变之三:数据的相关关系

在传统观念下,人们总是致力于找到一切事情发生背后的原因。然而在很多时候,寻找数据间的关联并利用这种关联就足够了。

大数据时代的第三个转变即人们不再热衷于寻找因果关系。这是由前两个转变促成的。寻找因果关系是人们长久以来的习惯,即使确定因果关系很困难而且用途不大,人们还是习惯性地寻找缘由;相反,在大数据时代,无须再紧盯事物之间的因果关系,而应该寻找事物之间的相关关系,这会给人们提供新颖且有价值的观点。相关关系也许不能准确地告知某件事情为何会发生,但是它会提醒这件事情正在发生。在许多情况下,这种提醒已经足够了。

例如,如果数百万条电子医疗记录显示橙汁和阿司匹林的特定组合可以治疗癌症,那么找出具体的药理机制就没有这种治疗方法本身来得重要。同样,只要人们知道什么时候是买机票的最佳时机,就算不知道机票价格疯狂变动的原因也无所谓了。大数据告诉人们"是什么"而不是"为什么"。在大数据时代,不必知道现象背后的原因,只要让数据自己发声。人们不再需要在还没有收集数据之前,就把自己的分析建立在早已设立的少量假设的基础之上。让数据发声,人们会注意到很多以前从来没有意识到的联系的存在。

2.3.1 关联物,预测的关键

在小数据世界中的相关关系也是有用的,但在大数据的背景下,相关关系大放异彩。通过应用相关关系,人们可以比以前更容易、更快捷、更清楚地分析事物。

所谓相关关系,其核心是指量化两个数据值之间的数理关系。相关关系强,是指当一个数据值增加时,另一个数据值很有可能也会随之增加。看到过这种很强的相关关系,如谷歌流感趋势:在一个特定的地理位置,越多的人通过谷歌搜索特定的词条,该地区就有更多的人患了流感;相反,相关关系弱,就意味着当一个数据值增加时,另一个数据值几乎不会发生变化。例如,某个人的鞋子尺码和他的幸福就几乎扯不上什么关系。

相关关系通过识别有用的关联物来帮助人们分析一个现象,而不是通过揭示其内部的运作机制。当然,即使是很强的相关关系,也不一定能解释每一种情况,比如两个事物看上去行为相似,但很有可能只是巧合。相关关系没有绝对,只有可能性。也就是说,不是亚马逊推荐的每本书都是顾客想买的书。但是,如果相关关系强,一个相关链接成功的概率是很高的。这一点很多人可以证明,他们的书架上有很多书都是因为亚马逊推荐而购买的。

通过找到一个现象的良好的关联物,相关关系可以帮助人们捕捉现在和预测未来。如果 A 和 B 经常一起发生,只需要注意到 B 发生了,就可以预测 A 也发生了。这有助于人们捕捉可能和 A 一起发生的事情,即使不能直接测量或观察到 A。更重要的是,它还可以帮助人们预测未来可能发生什么。当然,相关关系是无法预知未来的,它们只能预测可能发生的事情。但是,这已经极其珍贵了。

2004 年,沃尔玛对历史交易记录这个庞大的数据库进行观察,这个数据库记录的不仅包括每一个顾客的购物清单及消费额,还包括购物篮中的物品、具体购买时间,甚至购买当日的天气。沃尔玛公司注意到,每当季节性飓风来临之前,不仅手电筒销售量增加,POP-Tarts 蛋挞(美式含糖早餐零食)的销量也增加。因此,当季节性飓风来临时,沃尔玛会把库存的蛋挞放在靠近飓风用品的位置,以方便行色匆匆的顾客,从而增加销量。

相关关系在过去就已经被证明大有用途。这个观点是查尔斯·达尔文的表弟弗朗西斯·高尔顿爵士在 1888 年提出的,因为他注意到人的身高和前臂的长度有关系。相关关系背后的数学计算是直接而又有活力的,这是相关关系的本质特征,也是让相关关系成为最广泛应用的统计计量方法的原因。但是在大数据时代之前,相关关系的应用很少。因为数据很少而且收集数据很费时费力,所以统计学家们喜欢找到一个关联物,然后收集与之相关的数据进行相关关系分析,来评测这个关联物的优劣。那么,如何寻找这个关联物呢?

除了仅仅依靠相关关系,专家们还会使用一些建立在理论基础上的假想来指导自己选择适当的关联物。这些理论就是一些抽象的观点,即关于事物是怎样运作的。然后收集与关联物相关的数据进行相关关系分析,以证明这个关联物是否真的合适。如果不合适,人们通常会固执地再次尝试,因为担心可能是数据收集的错误,而最终却不得不承认一开始的假想甚至假想建立的基础都是有缺陷和必须修改的。这种对假想的反复试验促进了学科的发展。但是这种发展非常缓慢,因为个人以及团体的偏见会蒙蔽人们的双眼,导致在设立假想、应用假想和选择关联物的过程中犯错误。总之,这是一个烦琐的过程,只适用于小数据时代。

在大数据时代,通过建立在人的偏见基础上的关联物监测法已经不再可行,因为数据库太大,而且需要考虑的领域太复杂。幸运的是,许多迫使人们选择假想分析法的限制条件也逐渐消失了。现在拥有如此多的数据、这么好的机器计算能力,因而不再需要人工选择一个关联物或者一小部分相似数据来逐一分析。复杂的机器分析能为人们辨认出谁是最好的代理,就像在谷歌流感趋势中,计算机把检索词条在 5 亿个数学模型上进行测试之后,准确地找出了哪些是与流感传播最相关的词条。

理解世界不再需要建立在假设的基础上,这个假设是指针对现象建立的有关其产生机制和内在机理的假设。因此,人们也不需要建立这样一个假设,关于哪些词条可以表示流感在何时何地传播;不需要了解航空公司怎样给机票定价;不需要知道沃尔玛的顾客的烹饪喜好。取而代之的是对大数据进行相关关系分析,从而知道哪些检索词条是最能显示流感的传播,飞机票的价格是否会飞涨,哪些食物是飓风期间待在家里的人最想吃的。用数据驱动的关于大数据的相关关系分析法取代了基于假想的易出错的方法。大数据的相关关系分析法更准确、更快,而且不易受偏见的影响。

建立在相关关系分析法基础上的预测是大数据的核心。这种预测发生的频率非常高,以至于人们经常忽略了它的创新性。当然,它的应用会越来越多。

大数据相关关系分析的极致,非美国折扣零售商塔吉特(Target)莫属。该公司使用大数据的相关关系分析已经有多年。《纽约时报》的记者查尔奢·杜西格在一份报道中阐述了塔吉特公司怎样完全不和准妈妈对话的前提下预测一个女性会在什么时候怀孕。基本来说,就是收集一个人可以收集到的所有数据,然后通过相关关系分析得出事情的真实状况。

对于零售商来说,知道一个顾客是否怀孕是有用的。因为这是一对夫妻改变消费观念的开始,他们会开始光顾以前不会去的商店,渐渐对新的品牌建立忠诚。塔吉特公司的市场专员们向分析部求助,看是否有什么办法能够通过一个人的购物方式发现她是否怀孕。公司的分析团队首先看看了签署婴儿礼物登记簿的女性的消费记录。塔吉特公司注意到,登记簿上的妇女会在怀孕大概第三个月的时候买很多无香乳液。几个月之后,她们会买一些营养品,如镁、钙、锌。公司最终找出了大概 20 多种关联物给顾客进行"怀孕趋势"评分,这些相关关系甚至使得零售商能够比较准确地预测预产期,能够在孕期的每个阶段给客户寄送相应的优惠券,这才是塔吉特公司的目的。

在社会环境下寻找关联物只是大数据分析法采取的一种方式。同样有用的一种方法是,通过找出新种类数据之间的相互联系来解决日常需要。例如,预测分析法就被广泛地应用于商业领域,它可以预测事件的发生。这可以指一个能发现可能的流行歌曲的算法系统——音乐界广泛采用这种方法来确保它们看好的歌曲真的会流行;也可以指那些用来防止机器失效和建筑倒塌的方法。现在,在机器、发动机和桥梁等基础设施上放置传感器变得越来越平常,这些传感器被用来记录散发的热量、振幅、承压和发出的声音等。

一个东西要出故障,不会是瞬间的,而是慢慢地出问题的。通过收集所有的数据,可以预先捕捉到事物要出故障的信号,例如发动机的嗡嗡声、引擎过热都说明它们可能要出故障。系统把这些异常情况与正常情况进行对比,就会知道什么地方出了毛病。通过尽早地发现异常,系统可以提醒人们在故障之前更换零件或修复问题。通过找出一个关联物并监控它,就能预测未来。

2.3.2 "是什么",而不是"为什么"

在小数据时代,相关关系分析和因果分析都不容易,它们耗费巨大,都要从建立假设开始,然后进行实验——这个假设要么被证实,要么被推翻。但是,由于两者都始于假设,这些分析就都有受偏见影响的可能,极易导致错误。与此同时,用来做相关关系分析的数据很难得到。

另一方面,在小数据时代,由于计算机能力不足,大部分相关关系分析仅限于寻求线性关系。而事实上,实际情况远比人们所想象得要复杂。经过复杂的分析,人们能够发现数据的"非线性关系"。

多年来,经济学家和政治家一直认为收入水平和幸福感是成正比的。从数据图表上可以看到,虽然统计工具呈现的是一种线性关系,但事实上,它们之间存在一种更复杂的动态关系:例如,对于收入水平在1万美元以下的人来说,一旦收入增加,幸福感会随之提升;但对于收入水平在1万美元以上的人来说,幸福感并不会随着收入水平的提高而提升。如果能发现这层关系,我们看到的就应该是一条曲线,而不是统计工具分析出来的直线。

这个发现对决策者来说非常重要。如果只看到线性关系,那么政策重心应完全放在增加收入上,因为这样才能增加全民的幸福感。而一旦察觉到这种非线性关系,策略的重心就会变成提高低收入人群的收入水平,因为这样明显更划算。

当相关关系变得更复杂时,一切就更混乱了。例如,各地麻疹疫苗接种率的差别与人们在医疗保健上的花费似乎有关联。但是,哈佛大学与麻省理工学院的联合研究小组发现,这种关联不是简单的线性关系,而是一个复杂的曲线图。和预期相同的是,随着人们在医疗上花费的增多,麻疹疫苗接种率的差别会变小;但令人惊讶的是,当增加到一定程度时,这种差别又会变大。发现这种关系对公共卫生官员来说非常重要,但是普通的线性关系分析无法捕捉到这个重要信息。

在大数据时代,专家们正在研发能发现并对比分析非线性关系的技术工具。一系列飞速发展的新技术和新软件也从多方面提高了相关关系分析工具发现非因果关系的能力。这些新的分析工具和思路展现了一系列新的视野被用于预测,人们看到了很多以前不曾注意到的联系,还掌握了以前无法理解的复杂技术和社会动态。但最重要的是,通过去探求"是什么"而不是"为什么",相关关系帮助人们更好地了解了这个世界。

2.3.3 通过因果关系了解世界

在传统情况下,人们是通过因果关系了解世界的。

人们了解世界时,最直接的愿望就是了解因果关系。即使无因果关系存在,人们也还是会假定其存在。研究证明,这只是人们的认知方式,与每个人的文化背景、生长环境及教育水平无关。当人们看到两件事情接连发生的时候,会习惯性地从因果关系的角度来看待它们。

　　普林斯顿大学心理学专家丹尼尔·卡尼曼证明了人有两种思维模式。一种是不费力的快速思维，通过这种思维方式，几秒就能得出结果；另一种是比较费力的慢性思维，对于特定的问题，需要考虑到位。快速思维模式使人们偏向用因果关系来看待周围的一切，即使这种关系并不存在。这是人们对已有的知识和信仰的执着。过去这种快速思维模式曾经很有用，它能帮助人们在信息量缺乏却必须快速做出决定的危险情况下化险为夷。但是，这种因果关系通常并不存在。卡尼曼指出，在平时生活中，由于惰性，人们很少慢条斯理地思考问题，所以快速思维模式就占据了上风。因此，人们会经常臆想出一些因果关系。例如，父母经常告诉孩子，天冷时不戴帽子和手套就会感冒。然而，事实上，感冒和穿戴之间却没有直接的联系。有时，人们在某个餐馆用餐后生病了，就会自然而然地觉得这是餐馆食物的问题，以后可能就不再去这家餐馆。事实上，肚子痛也许是因为其他的传染途径，比如和患者握过手。然而，快速思维模式使人们直接将其归于任何人们能在第一时间想起来的因果关系，因此，这经常导致人们做出错误的决定。

　　与常识相反，经常凭借直觉而来的因果关系并没有帮助人们加深对这个世界的理解。很多时候，这种认知捷径只是给了一种自己已经理解的错觉，但实际上完全陷入了理解误区之中。就像采样是人们无法处理全部数据时的捷径一样，这种找因果关系的方法也是大脑用来避免辛苦思考的捷径。

　　现在情况不一样了。大数据之间的相关关系，将经常用来证明直觉的因果关系是错误的。最终也能表明，统计关系也不蕴含多少真实的因果关系。总之，快速思维模式将会遭受各种各样的现实考验。

　　为了更好地了解世界，人们会更加努力地思考。但是，即使是用来发现因果关系的第二种思维方式——慢性思维，也将因为大数据之间的相关关系迎来大的改变。

　　在日常生活中，人们习惯性地用因果关系考虑事情，所以认为因果关系是浅显易寻的。但事实却并非如此。与相关关系不一样，即使用数学这种比较直接的方式，因果关系也很难被轻易证明。人们也不能用标准的等式将因果关系表达清楚。因此，即使人们慢慢思考，想要发现因果关系也是很困难的。因为人们已经习惯了信息的匮乏，故此亦习惯了在少量数据的基础上进行推理思考，即使大部分时候很多因素都会削弱特定的因果关系。

　　看看狂犬疫苗这个例子。1885年7月6日，法国化学家路易·巴斯德接诊了一个9岁的小孩约瑟夫·梅斯特，他被带有狂犬病毒的狗咬了。那时，巴斯德刚刚研发出狂犬疫苗，也实验验证过效果。梅斯特的父母就恳求巴斯德给他们的儿子注射一针。巴斯德做了，梅斯特活了下来。发布会上，巴斯德因为把一个小男孩从死神手中救出而大受褒奖。但真的是因为他吗？事实证明，一般来说，人被狂犬病狗咬后患上狂犬病的概率只有七分之一。即使巴斯德的疫苗有效，这也只适用于七分之一的案例中。无论如何，就算没有狂犬疫苗，这个小男孩活下来的概率还有85%。

　　在这个例子中，大家都认为是注射疫苗救了梅斯特一命。但这里却有两个因果关系值得商榷。第一个是疫苗和狂犬病毒之间的因果关系，第二个就是被带有狂犬病毒的狗咬和患狂犬病之间的因果关系。即便是疫苗能够医好狂犬病，第二个因果关系也只适用于极少数情况。

不过,科学家已经克服了用实验来证明因果关系的难题。实验是通过是否有诱因这两种情况,分别观察所产生的结果是不是和真实情况相符,如果相符,就说明确实存在因果关系。这个衡量假说的验证情况控制得越严格,你就会发现因果关系越有可能是真实存在的。

因此,与相关关系一样,因果关系被完全证实的可能几乎是没有的,只能说某两者之间很有可能存在因果关系。但两者之间又有不同,证明因果关系的实验要么不切实际,要么违背社会伦理道德。比如,怎么从5亿词条中找出和流感传播最相关的呢?难道真能为了找出被咬和患病之间的因果关系而置成百上千的患者的生命于不顾吗?因为实验会要求把部分患者当成未被咬的"控制组"成员来对待,但是就算给这些患者打了疫苗,又能保证万无一失吗?而且就算这些实验可以操作,操作成本也非常昂贵。

2.3.4 通过相关关系了解世界

不像因果关系,证明相关关系的实验耗资少,费时也少。与之相比,分析相关关系,既有数学方法,也有统计学方法,同时,数字工具也能帮人们准确地找出相关关系。

相关关系分析本身意义重大,同时它也为研究因果关系奠定了基础。通过找出可能相关的事物,可以在此基础上进行进一步的因果关系分析。如果存在因果关系,再进一步找出原因。这种便捷的机制通过实验降低了因果分析的成本。人们也可以从相互联系中找到一些重要的变量,这些变量可以用到验证因果关系的实验中。

可是,人们必须非常认真。相关关系很有用,不仅仅是因为它能提供新的视角,而且提供的视角都很清晰。而一旦把因果关系考虑进来,这些视角就有可能被蒙蔽掉。

例如,Kaggle,一家为所有人提供数据挖掘竞赛平台的公司,举办了关于二手车的质量竞赛。二手车经销商将二手车数据提供给参加比赛的统计学家,统计学家用这些数据建立一个算法系统,来预测经销商拍卖的哪些车有可能出现质量问题。相关关系分析表明,橙色的车有质量问题的可能性只有其他车的一半。

当读到这里时,不禁也会思考其中的原因。难道是因为橙色车的车主更爱车,所以车被保护得更好吗?或是这种颜色的车子在制造方面更精良些吗?还是因为橙色的车更显眼、出车祸的概率更小,所以转手的时候,各方面的性能保持得更好?

马上,我们就陷入了各种各样谜一样的假设中。若要找出相关关系,可以用数学方法,但如果是因果关系,却是行不通的。所以,没必要一定要找出相关关系背后的原因,当知道了"是什么"时,"为什么"其实没那么重要,否则就会催生一些滑稽的想法。例如上面提到的例子中,是不是应该建议车主把车漆成橙色呢?毕竟,这样就说明车子的质量更过硬啊!

考虑到这些,如果把以确凿数据为基础的相关关系和通过快速思维构想出的因果关系相比,前者就更具有说服力。但在越来越多的情况下,快速清晰的相关关系分析甚至比慢速的因果分析更有用和更有效。慢速的因果分析集中体现为通过严格控制的实验来验证的因果关系,而这必然是非常耗时耗力的。

近年来,科学家一直在试图减少这些实验的花费。例如,通过巧妙地结合相似的调查,做成"类似实验"。这样一来,因果关系的调查成本就降低,但还是很难与相关关系体现的优越性相抗衡。还有,正如之前提到的,专家进行因果关系的调查时,相关关系分析本来就会起到帮助作用。

在大多数情况下,一旦完成了对大数据的相关关系分析,而又不再满足于仅仅知道"是什么"时,人们就会继续向更深层次研究因果关系,找出背后的"为什么"。

因果关系还是有用的,但是它将不再被看成是意义来源的基础。在大数据时代,即使在很多情况下,人们依然指望用因果关系来说明发现的相互联系,但是,人们知道因果关系只是一种特殊的相关关系;相反,大数据推动了相关关系分析。相关关系分析通常情况下能取代因果关系起作用,即使在不可取代的情况下,它也能指导因果关系起作用。

作 业

1. 随着人类对世界认识得越来越清楚,人们发现世界本身存在着很大的(　　),这就使得大数据思维在当今这个时代显得越发重要。

　　A. 离散性　　　　　B. 不确定性　　　　　C. 确定性　　　　　D. 模糊性

2. 19世纪以来,当面临大量数据时,社会都依赖于采样分析,人们发展了一些使用尽可能少的信息的技术。例如,统计学的一个目的就是(　　)。

　　A. 用尽可能多的数据来验证一般的发现

　　B. 用尽可能少的数据来验证尽可能简单的发现

　　C. 用尽可能少的数据来证实尽可能重大的发现

　　D. 用尽可能少的数据来验证一般的发现

3. 大数据时代的第一个思维转变,(　　)。

　　A. 是要分析与某事物相关的所有数据,而不是依靠分析少量的数据样本

　　B. 是人们乐于接受数据的纷繁复杂,而不再一味追求其精确性

　　C. 是人们尝试着不再探求难以捉摸的因果关系,转而关注事物的相关关系

　　D. 是加强统计学应用,重视算法的复杂性

4. 统计学家们证明:采样分析的精确性(　　)。

　　A. 随着采样精确性的减少而大幅提高,但与样本数量的增加关系不大

　　B. 随着采样精确性的减少而大幅提高,但与样本数量的增加密切相关

　　C. 随着采样随机性的增加而大幅提高,但与样本数量的增加关系不大

　　D. 随着采样随机性的增加而大幅提高,但与样本数量的增加密切相关

5. 只研究样本而不是整体,有利有弊:(　　)。

　　A. 能更快更容易地发现问题,但不能回答事先未考虑到的问题

　　B. 能更快更容易地发现问题,也能回答事先未考虑到的问题

　　C. 虽然发现问题比较困难,但能回答事先未考虑到的问题

　　D. 发现问题比较困难,也不能回答事先未考虑到的问题

6. 如今,在很多领域中,如果可能,我们会收集所有的数据,即"样本＝总体",这是指(　　)。

A. 我们能对数据进行浅层探讨,分析问题的广度

B. 我们能对数据进行深度探讨,捕捉问题的细节

C. 我们能对数据进行深度探讨,抓住问题的重点

D. 我们能对数据进行浅层探讨,抓住问题的细节

7. 因为大数据是建立在( ),所以我们就可以正确地考察细节,并进行新的分析。

　A. 在掌握少量精确数据的基础上,尽可能多地收集其他数据

　B. 掌握少量数据,至少是尽可能精确的数据的基础上的

　C. 掌握所有数据,至少是尽可能多的数据的基础上的

　D. 尽可能掌握精确数据的基础上

8. 当我们拥有海量即时数据时,( )。适当忽略微观层面上的精确度会让我们在宏观层面拥有更好的洞察力。

　A. 我们应该完全放弃精确度,不再沉迷于此

　B. 我们不能放弃精确度,需要努力追求精确度

　C. 我们也不是完全放弃了精确度,只是不再沉迷于此

　D. 我们是确保精确度的前提下,适当寻求更多数据

9. 在不断涌现的新情况里,( )。因为放松了容错的标准,人们掌握的数据也多了起来,还可以利用这些数据做更多新的事情。

　A. 允许不精确的出现已经成为一个缺点,而非优点

　B. 允许不精确的出现已经成为一个亮点,而非缺点

　C. 允许不精确的出现已经成为一个历史

　D. 允许不精确的出现已经得到控制

10. 为了获得更广泛的数据而牺牲了精确性,也因此看到了很多如若不然无法被关注到的细节。( )。

　A. 在很多情况下,与致力于避免错误相比,对错误的包容会带给我们更多问题

　B. 在很多情况下,与致力于避免错误相比,对错误的包容会带给我们更多好处

　C. 无论什么情况,我们都不能容忍错误的存在

　D. 无论什么情况,我们都可以包容错误

11. 以前,统计学家们总是把他们的兴趣放在提高样本的随机性而不是数量上。这是因为( )。

　A. 提高样本随机性可以减少对数据量的需求

　B. 样本随机性优于对大数据的分析

　C. 可以获取的数据少,提高样本随机性可以提高分析准确率

　D. 提高样本随机性是为了减少统计分析的工作量

12. 研究表明,在少量数据情况下运行得最好的算法,当加入更多的数据时,( )。

　A. 也会像其他的算法一样有所提高,但是却变成了在大量数据条件下运行得最不好的

　B. 与其他的算法一样有所提高,仍然是在大量数据条件下运行得最好的

　C. 与其他的算法一样有所提高,在大量数据条件下运行得还是比较好的

D. 虽然没有提高,还是在大量数据条件下运行得最好的

13. 研究指出:"大数据基础上的简单算法比小数据基础上的复杂算法更加有效。"其中(   )。

  A. 精确是关键   B. 混杂是关键

  C. 并没有特别之处   D. 精确和混杂同样重要

14. 如今,要想获得大规模数据带来的好处,混乱应该是一种(   )。

  A. 不正确途径,需要竭力避免的

  B. 非标准途径,应该尽量避免的

  C. 非标准途径,但可以勉强接受的

  D. 标准途径,而不应该是竭力避免的

15. 在传统观念下,人们总是致力于找到一切事情发生背后的原因。寻找(   )是人类长久以来的习惯。

  A. 相关关系   B. 因果关系   C. 信息关系   D. 组织关系

16. 在大数据时代,我们无须再紧盯事物之间的(   ),而应该寻找事物之间的(   ),这会给我们提供非常新颖且有价值的观点。

  A. 因果关系,相关关系   B. 相关关系,因果关系

  C. 复杂关系,简单关系   D. 简单关系,复杂关系

17. 相关关系强,是指当一个数据值增加时,另一个数据值很有可能会随之(   )。

  A. 减少   B. 显现   C. 增加   D. 隐藏

18. 通过找到一个现象的(   ),相关关系可以帮助我们捕捉现在和预测未来。

  A. 出现原因   B. 隐藏原因   C. 一般关联物   D. 良好关联物

19. 建立在相关关系分析法基础上的(   )是大数据的核心。这种活动发生的频率非常高,以至于我们经常忽略了它的创新性。当然,它的应用会越来越多。

  A. 预测   B. 规划   C. 决策   D. 处理

20. 大数据时代,专家们正在研发能发现并对比分析非线性关系的技术工具。通过(   ),相关关系帮助我们更好地了解了这个世界。

  A. 探求"是什么"而不是"为什么"   B. 探求"为什么"而不是"是什么"

  C. 探求"原因"而不是"结果"   D. 探求"结果"而不是"原因"

【研究性学习】 理解大数据的三个思维变革

1. 实验目的

(1) 熟悉大数据时代思维变革的基本概念和主要内容。

(2) 分析理解在传统情况下,人们分析信息、了解世界的主要方法,理解大数据时代人们思维变革的三大转变。

2. 工具/准备工作

在开始本实验之前,请认真阅读课程的相关内容。

需要准备一台带有浏览器,能够访问因特网的计算机。

3. 实验内容与步骤

(1) 在大数据时代,人们分析信息、理解世界的三大转变是指:

答:

① _____

② _____

③ _____

(2) 请简述,在大数据时代,为什么要"分析与某事物相关的所有数据,而不是依靠分析少量的数据样本"?

答: _____

_____

_____

_____

(3) 请简述,在大数据时代,为什么"我们乐于接受数据的纷繁复杂,而不再一味追求其精确性"?

答: _____

_____

_____

_____

(4) 什么是数据的因果关系?什么是数据的相关关系?

答: _____

_____

_____

_____

(5) 请简述,在大数据时代,为什么"我们不再探求难以捉摸的因果关系,转而关注事物的相关关系"?

答: _____

_____

_____

4. 实验总结

_____
_____
_____

5. 实验评价(教师)

_____
_____

伦理与道德

【导读案例】 脸书数据泄露：成操控大选的工具

2018年3月，脸书公司遭遇5000万名用户数据泄露风波，这些泄露数据被指控用于操控当时的美国大选。接着，连续数日脸书公司的股价下跌，市值蒸发500亿美元左右，甚至还创造了4年来的最大单日跌幅。

2018年3月16日，脸书宣布封杀剑桥分析公司。18日，美国《纽约时报》和英国《卫报》等媒体同时发文称，剑桥分析公司利用从脸书不当收集的5000万用户个人数据，来为美国大选参选人提供数据采集、分析和战略传播，简单来说，就是"操纵民意"，而时任美国总统特朗普就是剑桥分析公司此前的客户。

消息曝光之后，各界人士纷纷抨击脸书对用户的数据保护不利，包括美国、英国、欧盟等国家的各大机构也将调查脸书是否存在滥用用户数据的行为。

不过，起初脸书公司不认为他们存在问题，认为自己也是受害者，但是外界却以保护用户隐私不力的原因将其视作帮凶。美国、英国等地掀起了一番"卸载脸书"的活动，甚至苹果应用这样的"友商"也开始落井下石，呼吁用户卸载脸书。

这些用户数据是剑桥分析公司在2015年从一位俄裔美国研究员那里以不正当手段获得的，当时脸书要求他们删除这些数据，剑桥分析公司表示已经删除，但是现在脸书发现，对方并未删除这些数据，还将其用于操控大选期间的民意等用途。"如果这些数据依然存在，则构成了对脸书政策的严重违反，也违背了这些机构过去的承诺。"

向英国《卫报》主动爆料的剑桥分析公司共同创办人克里斯托弗·威利称，剑桥分析公司成立于2013年，由美国共和党的亿万富豪罗伯特·默瑟出资。而这家公司成立的目的就是通过海量数据分析研究操纵社会舆论。剑桥分析公司和最初的泄密人都与俄罗斯有着千丝万缕的联系，在特朗普"通俄门"的疑云之下，脸书可以说是被卷入了一场"纸牌屋"式的漩涡中。

英国媒体"第四频道"曝光了一段暗访视频。暗访视频中显示，剑桥分析公司市场总监马克·特恩布尔称，"如果你在人们身上搜集数据，然后描述分析他们，你就有了更多能够加以利用的信息，你就知道该如何细化样本。然后在他们关心的事件上用他们更可能产生共鸣的语言、图像给予信息。"

有分析师认为，通过数据做精准服务是普遍的，提高了信息分配的效率和用户体验；应该谴责的是滥用数据的，而不是分享数据的人，脸书这次是被别有用心的人利用了。

北京时间 2018 年 3 月 22 日凌晨,脸书创始人兼 CEO 扎克伯格在用户数据泄露丑闻后首次发声,他承认对数据泄露事件负有责任,并表示:"我们有保护用户数据的责任,正打击平台对数据的滥用。我们犯了错误,还有更多的事要做,正在弄清状况,本人对脸书发生的事情负责,将调查所有有权限获取数据的应用。"扎克伯格说,用来防止此类事件再次发生的最重要措施在几年前就已经采取了。脸书将禁止开发人员滥用用户信息,并进一步限制开发人员访问用户数据。

资料来源:根据网络资料整理。

阅读上文,请思考、分析并简单记录:

(1) 用户数据的泄露事件时有发生,你认为这次脸书事件的严重性在哪里?请简述。

答:_____

_____

_____

(2) 也是 2018 年生效的 GDPR 是欧盟针对个人数据和隐私保护实施的一项新立法,是 20 年来全球最重要的数据隐私保护变化,也是有史以来规模最大、最具惩罚性的数据保护法。请网络搜索了解 GDPR 数据保护法律规定。简述脸书和剑桥分析公司主要违反了什么规定?

答:_____

_____

_____

(3) 在这个事件中,剑桥分析公司耍了卑鄙的手段。但你认为脸书公司只是"受害者"吗?为什么?

答:_____

_____

_____

(4) 请简单记述你所知道的上一周内发生的国际、国内或者身边的大事。

答:_____

_____

_____

3.1 伦理与道德基础

在西方文化中,"伦理学"一词源自希腊文"ethos",意为风俗、习惯、性格等。古希腊哲学家亚里士多德最先赋予其伦理和德行的含义,所著《尼各马可伦理学》一书为西方最早的伦理学专著。首次出版于1677年的荷兰哲学家斯宾诺莎的伦理学著作《用几何学方法作论证的伦理学》认为,**只有凭理性的能力获得的知识,才是最可靠的知识**。人有天赋的知识能力,世界是可以认识的,"伦理学"从本体论、认识论开始,最后得出"伦理学"的最高概念,为人的幸福指明了道路。

在中国文化中,伦理(图3-1)一词最早出现于《乐纪》:"乐者,通伦理者也。"我国古代思想家们对伦理学都十分重视,"三纲五常"就是基于伦理学产生的。最开始对伦理学的应用主要体现在对于家庭长幼辈分的界定,后又延伸至社会关系的界定。

图3-1 伦理

3.1.1 伦理的定义

伦理学是哲学的一个分支,被定义为规范人们生活的一整套规则和原理,包括风俗、习惯、道德规范等。简单地说,它就是指人们认为什么可做、什么不可做,什么是对的、什么是错的。

哲学家认为"伦理"是规则和道理,即人作为总体,在社会中的一般行为规则和行事原则,强调人与人之间、人与社会之间的关系;而"道德"是指人格修养、个人道德和行为规范、社会道德,即人作为个体,在自身精神世界中心理活动的准绳,强调人与自然、人与自我、人与内心的关系。道德的内涵包含了伦理的内涵,伦理是个人道德意识的外延和对外行为表现。伦理是客观法,具有律他性,而道德则是主观法,具有律己性;伦理要求人们的行为基本符合社会规范,而道德则是表现人们行为境界的描述;伦理义务对社会成员的道德约束具有双向性、相互性特征。

可以这样理解,法律是具有国家或地区强制力的行为规范,道德是控制人们行为的规则、标准、文化,而伦理是道德的哲学,是对道德规范的讨论、建立以及评价,研究的是道德背后的规则和原理。它可以为人们提供道德判断的理性基础,使人们能对不同的道德立场作分类和比较,能在有现成理由的情况下坚持某种立场。现代伦理已经延伸至不同的领域,因而也越发具有针对性,引申出了环境伦理、科技伦理等不同层面的内容。

在长期的发展中,关于伦理形成了如下一些定义。

定义 1：美国《韦氏大辞典》指出：伦理是一门探讨什么是好、什么是坏，以及讨论道德责任义务的学科。

定义 2：伦理一般是指一系列指导行为的观念，是从概念角度上对道德现象的哲学思考。它不仅包含着对人与人、人与社会和人与自然之间关系处理中的行为规范，也深刻地蕴涵着依照一定原则来规范行为的深刻道理。

定义 3：所谓伦理，是指人类社会中人与人之间，人与社会、国家的关系和行为的秩序规范。任何持续影响全社会的团体行为或专业行为都有其内在特殊的伦理的要求。企业作为独立法人，有其特定的生产经营行为，也有企业伦理的要求。

定义 4：伦理是指人们心目中认可的社会行为规范。伦理也对人与人之间的关系进行调整，只是它调整的范围包括整个社会的范畴。管理与伦理有很强的内在联系和相关性。管理活动是人类社会活动的一种形式，当然离不开伦理的规范作用。

定义 5：伦理是指人与人相处的各种道德准则。生态伦理是伦理道德体系的一个分支，是人们在对一种环境价值观念认同的基础上，维护生态环境的道德观念和行为要求。

定义 6：伦理是指人与人相处的各种道德标准；伦理学是关于道德的起源、发展，人的行为准则和人与人之间的义务的学说。

3.1.2 道德的概念

道德是调整人们相互关系的行为规范的总和。所谓"道"，是万物万法之源，创造一切的力量，而"德"是为顺应自然、社会和人类客观需要去做事的行为，是不违背自然发展规律，去发展自然、发展社会，提升自己的践行方式。道是在承载一切，德是在昭示道的一切，德是道的具体实例，也是道的体现。大道无言无形，看不见、听不到、摸不着，只有通过人们的思维意识去认识和感知它。如果没有德，人们就不能如此形象地了解道的理念，这就是德与道的关系。

不同的对错标准是特定生产能力、生产关系和生活形态下自然形成的。道德可以是源自于特定哲学、宗教或文化的行为准则中衍生出来的一系列标准或原则，也可以源自于一个人所相信的普遍价值。

一些研究认为，对道德情操的注重，存在于所有的人类社会当中，道德情操是普世文化通则的一部分；而一些研究更认为，诚实、助人、宽容、忠诚、责任、社会公正、平等、家庭与国家安全、社会秩序的稳定、报恩等和道德相关的行为，是普世价值的一部分，也就是说，这些行为可能是所有社会普遍认可的德行。

3.1.3 伦理是一种自然法则

伦理是一种有关人类关系（尤其以姻亲关系为重心）的自然法则（图3-2），这个概念也是道德和法律的绝对分界线。道德是人类对于人类关系和行为的柔性规定，这种柔性规定是以伦理为大致范本，但又不同于伦理，甚至经常与伦理相悖。法律则是人类对于人类关系和行为的刚性规定，这种刚性规定是以法理为基础原则的。

在现实生活中，"伦理"二字与"道德"二字常常会一起出现。若要严格加以区分，则伦理偏重于社会层面，道德偏重于个人层面。在一般使用上，二者经常被视为同义词，有时

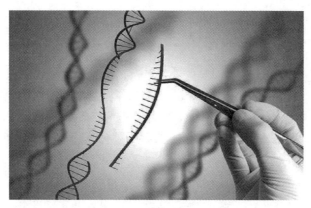

图 3-2　伦理是一种自然法则

更被连用为"伦理道德"一词。伦理道德专属于人文世界的范围,它表现为人类加诸于彼此及自身的规范与评价。

关于"道德",老子说:"道可道,非常道。"意思是说,"道"并非指的是一条具体的道路,而是一个抽象出来的概念,譬如几何学上的"点、线、面"的概念,物理学上的"质点"的概念。那么"道德",就是指走路的德行,类似于约定俗成的交通秩序,引申为人在社会上为人处世的规则。

伦理与道德都在一定程度上起到了调节社会成员之间相互关系的规则的作用。规则是为现实的存在不被破坏服务的,它本身并不倡导创新,甚至在一定程度上束缚了创新,而规则与创新的矛盾无一不是以创新的成功和规则的被打破之后形成新的规则而结束的。

随着社会所处的阶段乃至文化环境的不同,"道德"有着不同的规范。例如,在古代氏族部落中,财产是共有的,保留私有财产是不道德的,而拿走其他部落成员刚刚用过的工具也没有什么不道德。而在法律认可私有财产的现代社会,保留私有财产不再是不道德的,而拿走他人的工具则要征求他人的意见。又如,在中国,问别人的年龄和薪水是很正常的,似乎还有点人文关怀的味道;而在西方某些国家,打听年龄和薪水是不太道德的。

3.1.4　伦理学研究

伦理学以道德现象为研究对象,不仅包括道德意识现象(如个人的道德情感等),还包括道德活动现象(如道德行为)以及道德规范现象等。伦理学将道德现象从人类活动中区分开,探讨道德的本质、起源和发展,道德水平同物质生活水平之间的关系,道德的最高原则和道德评价的标准,道德规范体系,道德的教育和修养,人生的意义、人的价值和生活态度等问题。其中,最重要的是道德与经济利益和物质生活的关系、个人利益与整体利益的关系问题。对这些问题的不同回答,形成了不同的甚至相互对立的伦理学派别。马克思主义伦理学将道德作为社会历史现象加以研究,着重研究道德现象中的带有普遍性和根本性的问题,从中揭示道德的发展规律。

3.2 科技伦理造福人类

2019年7月24日,中央全面深化改革委员会第九次会议审议通过了诸多重要文件,其中《国家科技伦理委员会组建方案》排在首位通过。这表明中央将科技伦理建设作为推进国家科技创新体系不可或缺的重要组成部分。组建国家科技伦理委员会的要旨在于,抓紧完善制度规范,健全治理机制,强化伦理监管,细化相关法律法规和伦理审查规则,规范各类科学研究活动。

3.2.1 科技伦理是理性的产物

科技伦理(图3-3)是指在科学技术创新与运用活动中,人与社会、人与自然以及人与人关系的思想与行为准则的道德标准和行为准则,是一种观念与概念上的道德哲学思考。它规定了科学技术共同体应遵守的价值观、行为规范和社会责任范畴。人类科学技术的不断进步,也带来了一些新的科技伦理问题,因此,只有不断丰富科技伦理这一基本概念的内涵,才能有效应对和处理新的伦理问题,提高科学技术行为的合法性和正当性。如果把人类文明的演化当作一个永无止境的征程,人类奔向更高文明的原动力就是科技和创新。但是,仅有动力还不够,还必须能识别方向,科技伦理就是指引科技造福人类的导航仪。

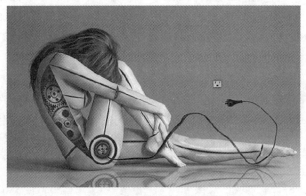

图3-3 科技伦理

科技伦理是理性的产物。最根本的理性是,要求科技创新和成果只能有益于或最大限度地有益于人、生物和环境,而不能损伤人、损害生物和破坏环境,即便不可避免地会不同程度地损人毁物——如药物的副作用,也要把这种副作用减少到最低,甚至为零。在具体的伦理规则上,还应两利相权取其大、两害相衡择其轻。

科技伦理不只是涉及科学研究中的伦理,也不只是科研人员要遵守科技伦理,还包括科技成果应用中的伦理,例如手机App下载的同意条款和医院治病时的知情同意等。科技伦理最早起源于人类的生活,今天有了更多更新的内容,应对今天科技创新所带来的诸多挑战,需要更多、更细的科技伦理来规范科研行为和科研成果的使用。

3.2.2 科技伦理的预见性和探索性

提出和遵循科技伦理不仅有益于所有人，也有利于生态和环境。尽管人是理性的，并因此诞生了科技伦理，但人类也有一些非理性思维和行动，也因此在历史上产生了一些违背科技伦理的非理性行为，甚至是兽性和反人类的行为。在今天，这样的危险并未消除。

第二次世界大战时期，纳粹德军和日军用活人（俘虏）做试验，既违背了科技伦理，更犯下了残害人类和反人类的罪行(图3-4)。尽管人体活体试验获得了一些科学数据和原理，但建立在伤害人、毁灭生命之上的科学研究是绝对不能为人类社会所接受的。因此，二战后的纽伦堡审判产生了《纽伦堡法典》(1946年)。1975年，第29届世界医学大会又修订了《赫尔辛基宣言》，以完善和补充《纽伦堡法典》。1982年，世界卫生组织（WHO）和国际医学科学组织理事会（CIOMS）联合发表了《人体生物医学研究国际指南》，对《赫尔辛基宣言》进行了详尽解释。再到1993年，WHO和CIOMS联合发表了《伦理学与人体研究国际指南》和《人体研究国际伦理学指南》。2002年，WHO和CIOMS修改制定了《涉及人的生物医学研究国际伦理准则》，提出了需要遵守的21项准则，体现了生命伦理的知情同意、生命价值、有利无伤原则。

图3-4 二战后审判对中国实行细菌战的日本罪犯

当科技创新成为今天人类最重要的活动，以及人类需要科技创新才能快速和有效地推动人类文明向更高阶段发展之时，科技伦理又有了大量的新范畴、新内容和新进展。人类基因组和基因编辑、人工生命和合成生命、人工智能、5G/6G通信技术、机器人、脑机接口、人脸识别、纳米技术、辅助生殖技术、精准医疗等，都是今天科技创新和科技研发的新领域，也关系到所有人的福祉。但另一方面，它们也可能会伤害人，甚至让人类走向灾难和毁灭，如此，科技伦理的导航和规范作用就极为重要和显著。

因此，科技伦理需要有预见性和探索性，在一项研究和一个行业发展到一定规模和程度时，必须要求有相适应的科技伦理来规范。同时，由于人的非理性和逐利性，也导致今天人们在进行科技创新活动和科学研究时既可能违背已有的伦理原则，还可能因为新的伦理原则尚未建立之时，在新旧之间、有规定和无规定的结合部打擦边球，产生有违人类伦理的或争议极大的科研行为，以及科研成果的不当使用。

不久前一个涉及前沿科研的极具风险的研究就是如此。有研究人员认为，CCR5基因是导致人被艾滋病病毒（HIV）感染的帮凶，于是在试验中对新生儿敲除了这一基因，以期永远预防艾滋病。这一科研的初衷也许是积极的，然而，由于伦理审查不严，导致这一研究存在巨大风险，既有可能违背既有的生命伦理四大原则——有利、尊重、公正和互助，也存在更大的实际风险。敲除CCR5基因固然可以预防艾滋病，但是它的免疫功能、抗癌功能等其他有益于人的作用也会随之完全消失。这实际上是因为并不了解CCR5基因的全面用途而导致的伦理审查失责。

由此，可以看出制定各个学科和多学科研究及成果应用的伦理规范有多么重要和迫切。

3.3 技术伦理

技术伦理是20世纪后期新兴的一门以探讨如何认识和约束技术发展带来的社会问题的学科，主要讲授现代科技提出的伦理问题，如科技共同体内的伦理问题、科技时代中人与自然的伦理问题、安乐死问题、克隆人问题等。

计算机技术串联并融合了现实空间和虚拟空间，具有广泛的社会意义和深层的伦理意蕴，为人们提供了一个人—机关系、技术—社会双向形塑的伦理分析范型。人们可以深入分析计算机技术，以此为例探寻技术伦理学的时代性和未来性。

20世纪50年代，控制论创始人罗伯特·维纳向世人提醒信息技术对社会构成的威胁，提出应将对新技术的讨论提高到道德认识的层面，由此奠定了计算机伦理学的基础。20世纪70年代，美国计算机专家沃尔特·曼纳注意到计算机伦理问题日益突出，提出研究这些问题的领域应当成为应用伦理学的一个独立分支，命名为"计算机伦理学"，并将计算机伦理学界定为研究计算机技术引发、改变和加剧伦理问题的应用伦理学科。1984年是计算机伦理学发展的分水岭，美国计算机伦理学家詹姆士·摩尔和黛博拉·约翰逊提出"真空说"，认为计算机伦理学是一门全新的伦理学，因为计算机技术具有以往技术不具有的逻辑延展性，这一特性导致了理论的含混和政策的真空。从前的伦理学理论无法回答计算机技术提出的挑战，需要建立一门全新的伦理学来应对。

1966年，美国麻省理工学院计算机专家韦曾鲍姆编写了一个名为ELIZA（艾丽莎）的心理疗法计算机程序。这个程序表明，计算机能够进行自动化的心理治疗。韦曾鲍姆担忧人类"信息处理模式"会增强科学家甚至普通公众把人仅仅看作机器的倾向，认为人工智能的滥用可能损害人类的价值。1988年，IBM公司的雷蒙·巴尔金提出，如果机器人最终与人难以区分，那么必须制定伦理行为规范来调整真实的人与"人工的人"之间的关系。他编撰了"赛博伦理学"一词，用以概括这一研究领域。巴尔金提出的这条路径代表计算机伦理学的机器人伦理学线索。随着互联网的崛起和商业化普及，网络伦理问题获得空前的关注。斯皮内洛、塔瓦尼等众多学者相继出版了大量网络伦理学著作，在20世纪90年代形成了网络伦理学的研究热潮。

计算技术不只是延长或代替人脑，更重要的是促成万物互联。多种技术如计算机技术、基因技术、纳米技术、人工智能技术、能源技术等的融合,将加快万物互联的进程。技术的融合将促进人机的融合,促成虚拟空间和现实空间的融合,使人们难以区分身处其中的这两类空间,难以区分身体与人工物,并最终导致各类技术伦理学的融合。

技术与人类未来、人与技术的自由关系是技术时代伦理学乃至整个哲学探寻的核心。在不同的技术时代,人与技术的自由关系问题聚焦在不同的内容上。在机器大工业时代,它聚焦于人与机器的自由关系;在当今互联网、大数据和人工智能时代,它聚焦于人与信息、人与数据、人与自主机器的自由关系。人与技术的关系,本质上是人与人之间的关系,是基于技术的人与人之间的关系。如何确保人与人之间的自由关系,确保人类的未来,便成了技术时代伦理学探寻的终极目标。

3.4 工程伦理

发生于1907年的加拿大魁北克大桥事件(图3-5),号称是这个世纪最大的技术失误之一。这座大桥原本应该是美国著名设计师特奥多罗·库帕的一个有价值的不朽杰作。库帕曾称他的设计是"最佳、最省的",可惜它最终并没有架成。库帕自我陶醉于他的设计,而忘乎所以地把大桥的长度由原来的500m加到600m,以成为当时世界上最长的桥。桥的建设速度很快,施工组织也很完善。正当投资修建的人士开始考虑如何为大桥剪彩时,人们忽然听到一阵震耳欲聋的巨响——大桥的整个金属结构垮了,19 000t钢材和86名建桥工人落入水中,只有11人生还。由于库帕的过分自信而忽略了对桥梁重量的精确计算,导致了一场悲剧的发生。

图3-5 1907年的魁北克大桥(左)和垮塌的魁北克大桥(右)

近几年来,一批环境污染事件不断被曝光。在经济利益的驱动下,牺牲环境导致的每一个事件背后,都暴露出了工程项目决策者和实践者在趋利心态下的错误行动,值得思考。

20世纪70年代,西方一些发达国家在工业革命的进程中也面临类似的环境污染和安全事故,有些事故甚至危及人类的生存和发展。1986年,因O型环密封圈失效而导致的美国"挑战号"航天飞机灾难事件震惊世界。事后发现,在决策中无视已知的缺陷,忽视工程师提出的低温下发射具有危险性的警告,是导致这次事件的关键因素。在应对这些挑战和压力的过程中,西方发达国家发现并开始开展工程伦理教育,并将其作为未来工程师所必备的基本素质。

所谓"工程伦理",就是关于对工程负责的态度,无论是一个人还是一个团队,对所参与的工程必须要有负责任的态度。工程伦理至少有两个层面的含义,一是工程项目内在的伦理,即工程的伦理准则;二是工程项目核心实施者之一的工程师的职业伦理,即工程师的伦理准则。

随着现代工程技术的发展,工程决策与实践中的伦理冲突不断出现。例如,医学上的"转基因工程和换头术"产生的生命伦理问题,化学与化学工程的发展带来的抗生素问题、环境激素问题等新的伦理冲突。这些冲突,大致上蕴含着两类问题。一是工程本身是否可能带来近期的或长期的环境影响或生态破坏;二是工程决策时决策者、设计者和实施者都承担着怎样的伦理角色。

伦理决策和价值选择对于社会的可持续发展至关重要。因此,工程伦理教育应该是全过程、全方位的教育。培养具有"伦理意识"的现代工程师,以造福人类和可持续发展为理念的工程师,才能在面临着忠诚于股东还是公众的利益冲突等道德困境时做出正确的判断和选择。工程师应该掌握风险辨识和评价的基本方法,具备基于长期利润与道德平衡而进行工程决策的能力。

3.5 算法歧视

算法是信息技术,尤其是大数据、人工智能的基础。算法就是一系列指令,告诉计算机该做什么。算法的核心是按照设定程序运行,以期获得理想结果的一套指令。所有的算法都包括以下几个共同的基本特征:输入、输出、明确性、有限性、有效性。

算法因数学而起,但现代算法的应用范畴早已超出了数学计算的范围,已经与每个人的生活息息相关。因此,我们生活在算法的时代。随着人工智能时代的到来,算法越来越多地支配着人们的生活,也给现存的法律制度和法律秩序带来了冲击和挑战。

3.5.1 算法透明之争

"黑箱"是控制论中的概念。作为一种隐喻,它指的是那些不为人知的不能打开、不能从外部直接观察其内部状态的系统。人工智能所依赖的深度学习技术就是一个"黑箱"。深度学习是由计算机直接从事物的原始特征出发,自动学习和生成高级的认知结果。在人工智能系统输入的数据和其输出的结果之间,存在着人们无法洞悉的"隐层",这就是"算法黑箱"。对透明的追求使人心理安定,"黑箱"使人恐惧。如何规制算法"黑箱",算法(图3-6)是否要透明,如何透明,是法律规制遇到的首要问题。

面对算法黑箱,不少人主张、呼吁算法透明。其理由主要有以下几点。

(1)算法透明是消费者知情权的组成部分。这种观点主张,因为算法的复杂性和专业性,人工智能具体应用领域中的信息不对称可能会更加严重,算法透明应是消费者知情权的组成部分。

(2)算法透明有助于缓解信息不对称。这种观点主张,算法的信息不对称加重不只发生在消费者与算法设计者、使用者之间,更发生在人类与机器之间,算法透明有助于缓解这种信息不对称。

图 3-6 算法

(3) 算法透明有助于防止人为不当干预。这种观点以智能投顾为例,认为算法模型是公开的,在双方约定投资策略的前提下,执行策略由时间和事件函数共同触发,执行则由计算机程序自动完成,避免了人为不当干预的风险,它比人为干预更加公平、公开和公正。

(4) 算法透明有助于防止利益冲突。这种观点认为由于算法的非公开性和复杂性,难以保证诸如投资建议的独立性和客观性。只有算法透明,才能防止这种利益冲突。

(5) 算法透明有助于防范信息茧房。这种观点认为,算法可能形成信息茧房。算法科学的外表容易误导使用者,强化使用者的偏见,从而导致错误决策。例如,算法技术为原本和普罗众生疏离的复杂难懂的金融披上了简单易懂的面纱,金融的高风险性被成功掩盖,轻松化的人机交互界面掩盖了金融风险的残酷本质。

(6) 算法透明有助于打破技术中立的外衣。事实上,技术的背后是人,人类会将人性弱点和道德缺陷带进和嵌入算法中,但它们却可能隐蔽于算法背后,从而更不易被发觉。

(7) 算法透明有助于打破算法歧视。宾夕法尼亚州法学院的汤姆·贝克和荷兰鹿特丹伊拉斯谟大学的本尼迪克特 G.、C.德拉特教授认为:公众不能预设机器人没有人类所具有的不纯动机。因为算法存在歧视和"黑箱"现象,因此才需要算法的透明性或解释性机制。

(8) 算法透明有助于打破"算法监狱"与"算法暴政"。在人工智能时代,商业企业和公权部门都采用人工智能算法做出自动化决策,算法存在的缺陷和偏见可能会使大量的客户不能获得贷款、保险、承租房屋等服务,这如同被囚禁在"算法监狱"。然而,如果自动化决策的算法不透明,不接受人们的质询,不提供任何解释,不对客户或相对人进行救济,客户或相对人无从知晓自动化决策的原因,自动化决策就会缺少"改正"的机会,这种情况就属于"算法暴政"。算法透明则有助于打破"算法监狱"和"算法暴政"。

(9) 算法透明是提供算法可责性问题的解决工具和前提。有学者认为,算法透明性和可解释性是解决算法可归责性的重要工具。明确算法决策的主体性、因果性或相关性,是确定和分配算法责任的前提。

(10) 算法透明有助于提高人们的参与度,确保质疑精神。这种观点认为,如果你不了解某个决定的形成过程,就难以提出反对的理由。由于人们无法看清其中的规则和决定过程,就无法提出不同的意见,也不能参与决策的过程,只能接受最终的结果。为走出这一困境,算法透明是必要的。还有人认为,质疑精神是人类前进的工具,如果没有质疑,就没有社会进步。为了保证人类的质疑,算法必须公开,除非有更强的不公开的理由,如保护国家安全或个人隐私。

(11) 算法公开透明(图 3-7)是确保人工智能研发、设计、应用不偏离正确轨道的关键。这种观点认为,人工智能的发展一日千里,人工智能可能拥有超越人类的超级优势,甚至可能产生灾难性风险,因而应该坚持公开透明原则,将人工智能的研发、设计和应用置于监管机构、伦理委员会以及社会公众的监督之下,确保人工智能机器人处于可理解、可解释、可预测状态。

图 3-7 算法公开透明

现实中反对算法透明的声音也不少,其主要理由如下。

(1) 类比征信评分系统。征信评分系统不对外公开是国际惯例,其目的是防止"炒信""刷信",使评级结果失真。很多人工智能系统类似于信用评级系统。

(2) 周边定律。周边定律是指法律无须要求律师提请人们注意身边具有法律意义的内容,而是将其直接植入人们的设备和周边环境中,并由这些设备和环境付诸实施。主张该观点的人宣称,人类正在步入技术对人类的理解越来越深刻,而人类却无须理解技术的时代。智能时代的设备、程序,就像人体器官和中枢神经系统,人们对其知之甚少但却可以使用它们。同样,算法为自我管理、自我配置和自我优化而完成的自动计算活动,也无须用户的任何体力与智力投入。

(3) 算法不透明有助于减少麻烦。如果披露了算法,则可能引起社会舆论的哗然反应,从而干扰算法的设计,降低预测的准确性。尽管大数据预测准确的概率较高,但也不能做到百分之百。换言之,大数据预测也会不准,也会失误。如果将算法公之于众,人们对预测错误的赋值权重就有可能偏大,从而会阻碍技术的发展。

(4) 防止算法趋同。算法披露之后,好的算法、收益率高的算法、行业领导者的算法可能会引起业界的效仿,从而出现"羊群效应",加大顺周期的风险。

（5）信息过载或难以理解。算法属于计算机语言，不属于日常语言，即使对外披露了，除专业人士之外的大多数客户也难以理解。换言之，对外披露的信息对于大多数用户来讲可能属于无效信息。

（6）偏见存在于人类决策的方方面面，要求算法满足高于人类的标准是不合理的。算法透明性本身并不能解决固有的偏见问题。要求算法的透明性或者可解释性，将会减损已申请专利的软件的价值。要求算法的透明性还为动机不良者扰乱系统和利用算法驱动的平台提供机会，这将使动机不良者更容易操纵算法。

（7）算法披露在现实中存在操作困难。可能涉及多个算法，披露哪个或哪些算法？算法披露到什么程度？

折中派的观点认为，算法是一种商业秘密。算法由编程者设计，进而给网站带来巨大的商业价值，因此其本质上是具有商业秘密属性的智力财产。如果将自己的专有算法程序公之于众，则有可能泄露商业秘密，使自己丧失技术竞争优势。鉴于很多算法属于涉及商业利益的专有算法，受知识产权法保护，因此即使是强制要求算法透明，也只能是有限度的透明。

还有人认为，如何对待算法，这个问题并没有"一刀切"的答案。在某些情况下，增加透明度似乎是一个正确的做法，它有助于帮助公众了解决策是如何形成的。但是在涉及国家安全时，公开源代码的做法就不适用，因为一旦公开特定黑盒子的内部运行机制，某些人就可以绕开保密系统，使算法失效。

3.5.2 算法透明的实践

2017年，美国计算机学会公众政策委员会公布了6项算法治理指导原则。

第一个原则是知情原则，即算法设计者、架构师、控制方以及其他利益相关者应该披露算法设计、执行、使用过程中可能存在的偏见以及可能对个人和社会造成的潜在危害。

第二个原则是质询和申诉原则，即监管部门应该确保受到算法决策负面影响的个人或组织享有对算法进行质疑并申诉的权力。

第三个原则是算法责任认定原则。

第四个原则是解释原则，即采用算法自动化决策的机构有义务解释算法运行原理以及算法具体决策结果。

第五个原则是数据来源披露原则。

第六个原则是可审计原则。

仔细审视这6项原则，其要求的算法透明的具体内容主要是算法的偏见与危害、算法运行原理以及算法具体决策结果，以及数据来源。

2017年年底，纽约州通过一项《算法问责法案》，要求成立一个由自动化决策系统专家和相应的公民组织代表组成的工作组，专门监督自动化决策算法的公平性和透明性。之前，该法案有一个更彻底的版本，规定市政机构要公布所有用于"追踪服务"或"对人施加惩罚或维护治安"的算法的源代码，并让它们接受公众的"自我测试"。这是一份精练的、引人入胜的而且是富有雄心的法案，它提议每当市政府机构打算使用自动化系统来配置警务、处罚或服务时，该机构应将源代码——系统的内部运行方式——向公众开放。很快,人们发现这个版本的法案是一个很难成功的方案,他们希望不要进展得那么激进。因此,最终通过的法案删去了原始草案中的披露要求,设立了一个事实调查工作组来代替有关披露的提议,原始草案中的要求仅在最终版本中有一处间接地提及——"在适当的情况下,技术信息应当向公众开放"。

在欧盟,《通用数据保护条例》第71条规定:"在任何情况下,该等处理应该采取适当的保障,包括向数据主体提供具体信息,以及获得人为干预的权利,以表达数据主体的观点,在评估后获得决定解释权,并质疑该决定。"据此,有人主张该条例赋予了人们算法解释权。但也有学者认为,这种看法很牵强,个人的可解释权并不成立。

我国《新一代人工智能发展规划》指出:"建立健全公开透明的人工智能监管体系"。这提出了人工智能监管体系的透明性,而没有要求算法本身的透明性。

3.5.3 算法透明的算法说明

人们呼吁算法透明,但透明的内容具体是算法的源代码,还是算法的简要说明?秉承"算法公开是例外,不公开是原则"的立场,即使是在算法需要公开的场合,也需要考察算法公开的具体内容是什么。

算法的披露应以保护用户权利为必要。算法的源代码、算法的具体编程公式(实际上也不存在这样的编程公式)是不能公开的。这主要是因为一方面算法的源代码非常复杂,且不断迭代升级,甚至不可追溯,无法予以披露;另一方面,公开源代码是专业术语,绝大部分客户看不懂,即使公开了也没有意义。

算法透明追求的是算法的简要说明(简称算法简介)。算法简介包括算法的假设和限制、算法的逻辑、算法的种类、算法的功能、算法的设计者、算法的风险、算法的重大变化等。算法简介的公开也是需要有法律规定的;否则,不公开仍是基本原则。

3.5.4 算法透明的替代方法

算法透明的具体方法,除了公开披露之外,还可以有其他替代方法。这些方法究竟是替代方法还是辅助方法,取决于立法者的决断。

(1)备案或注册。备案即要求义务人向监管机构或自律组织备案其算法或算法逻辑,算法或算法逻辑不向社会公开,但监管机构或自律组织应知悉。

算法很复杂,很难用公式或可见的形式表达出来。算法的种类很多,一个人工智能系统可能会涉及很多算法,且算法也在不断迭代、更新和打补丁,就像其他软件系统不断更新一样。因此,算法本身没法备案,更无法披露。可以备案和披露的是算法的逻辑和参数。除了算法逻辑的备案以外,还可以要求算法开发设计人员的注册。

(2)算法可解释权。一旦人工智能系统被用于做出影响人们生活的决策,人们就有必要了解人工智能是如何做出这些决策的。方法之一是提供解释说明,包括提供人工智能系统如何运行以及如何与数据进行交互的背景信息。但仅发布人工智能系统的算法很难实现有意义的透明,因为诸如深度神经网络之类的最新的人工智能技术通常是没有任何算法输出可以帮助人们了解系统所发现的细微模式。基于此,一些机构正在开发建立有意义的透明的最佳实践规范,包括以更易理解的方法、算法或模型来代替那些过于复杂且难以解释的方法。笔者认为,是否赋予客户以算法可解释权有待深入论证,但算法设计者有义务向公权机关解释算法的逻辑。

3.5.5 算法公平的保障措施

算法公开、算法备案等规制工具都属于信息规制工具,它们是形式性规制工具。除了信息规制工具之外,还有其他实质性规制工具。形式性规制工具追求的价值目标是形式公平,实质性规制工具追求的价值目标是实质公平。在消费者权益和投资者权益保护过程中,除了保障形式公平之外,也要保障实质公平。因此,除了信息规制工具之外,还应有保障算法公平的其他实质性规制工具,这些工具主要包括三方面,一是算法审查、评估与测试,二是算法治理,三是第三方监管。

(1) 算法审查、评估与测试。在人工智能时代,算法主导着人们的生活。数据应用助推数据经济,但也有许多模型把人类的偏见、误解和偏爱编入了软件系统,而这些系统正日益在更大程度上操控着我们的生活。"只有该领域的数学家和计算机科学家才明白该模型是如何运作的。"人们对模型得出的结论毫无争议,从不上诉,即使结论是错误的或有害的。凯西·奥尼尔将其称为"数学杀伤性武器"。

然而,数学家和计算机科学家应当接受社会的审查。算法是人类的工具,而不是人类的主人。数学家和计算机科学家是人类的一员,他们应与普罗大众处于平等的地位,而不应凌驾于人类之上,他们不应是人类的统治者。即使是人类的统治者——君主或总统,在现代社会也应接受法律的规范和治理、人民的监督和制约,更何况群体庞大的数学家和计算机科学家。总之,算法应该接受审查。

"算法黑箱"吸入数据、吐出结论,其公平性应接受人类的审查。算法的开发者、设计者也有义务确保算法的公平性。

对人工智能系统应该进行测试。目前人工智能机器人尚未成为独立的民事主体,不能独立承担民事责任,但这并不妨碍对其颁发合格证书和营运证书。这正如汽车可以获得行驶证书和营运许可证书一样。

(2) 算法治理。质疑精神是人类社会前进的基本动力,必须将算法置于人类的质疑和掌控之下。人工智能的开发者和运营者应有能力理解和控制人工智能系统,而不能单纯地一味依赖于第三方软件开发者。

人工智能系统还应建立强大的反馈机制,以便用户轻松报告遇到的性能问题。任何系统都需要不断迭代和优化,只有建立反馈机制,才能更好地不断改进该系统。

(3) 加强第三方算法监管力量。为了保证对算法权力的全方位监督,应支持学术性组织和非营利机构的适当介入,加强第三方监管力量。目前,德国已经出现了由技术专家和资深媒体人挑头成立的名为"监控算法"的非营利组织,宗旨是评估并监控影响公共生活的算法决策过程。具体的监管手段包括审核访问协议的严密性、商定数字管理的道德准则、任命专人监管信息、在线跟踪个人信息再次使用的情况、允许用户不提供个人数据、为数据访问设置时间轴、未经同意不得将数据转卖给第三方等。这种做法值得我国借鉴。

为了让人工智能算法去除偏私,在设计算法时,对相关主题具有专业知识的人(例如,对信用评分人工智能系统具有消费者信用专业知识的人员)应该参与人工智能的设计过程和决策部署。当人工智能系统被用于做出与人相关的决定时,应让相关领域的专家参与设计和运行。

作　　业

1. 伦理是指在处理相互关系时应遵循的各种道理和道德准则。(　　)不属于其中。
   A. 人与人　　　　B. 人与社会　　　C. 动物之间　　　D. 人与自然
2. 伦理是一系列指导行为的观念,例如中国古训中的忠、孝、悌、忍、信是处理人伦的规则。其中,悌是指(　　)。
   A. 爱护弟弟　　　B. 敬爱兄长　　　C. 呵护晚辈　　　D. 孝敬爷爷
3. 在下列关于伦理的一些定义中,不正确的是(　　)。
   A. 伦理是指人们个人心目中的行为准则,受到个人素质和道德观的制约
   B. 伦理是一门探讨什么是好、什么是坏,以及讨论道德责任义务的学科
   C. 生态伦理是人们在对一种环境价值观念认同的基础上维护生态环境的道德观念和行为要求
   D. 伦理学是关于道德的起源、发展,人的行为准则和人与人之间的义务的学说
4. 道德是人类对于人类关系和行为的(　　)规定,这种规定以伦理为大致范本,但又不同于伦理这种自然法则,甚至经常与伦理相悖。
   A. 硬性　　　　　B. 原则　　　　　C. 明确　　　　　D. 柔性
5. 科技伦理是科技创新和科研活动中人与社会、人与自然以及人与人关系的思想与行为准则,但与(　　)无关。
   A. 科学研究中的伦理　　　　　　　B. 科研人员要遵守科技伦理
   C. 科研人员的感性体验　　　　　　D. 科技成果应用中的伦理
6. 世界卫生组织(WHO)制定的《伦理准则》提出了需要遵守的21项准则,其中体现的生命伦理原则中不包括(　　)原则。
   A. 知情同意　　　B. 归属权　　　　C. 生命价值　　　D. 有利无伤
7. (　　)是一门以探讨如何认识和约束技术发展带来的社会问题的学科,主要讲授现代科技提出的伦理问题。
   A. 信息伦理　　　B. 数字社会　　　C. 技术伦理　　　D. 道德计算
8. 计算技术不只是延长或代替人脑,更重要的是促成(　　),多种技术的融合将加快其进程。
   A. 万物互联　　　B. 人机交互　　　C. 社会公正　　　D. 自然和谐
9. (　　)不属于工程伦理责任类型。
   A. 职业伦理　　　B. 社会伦理　　　C. 环境伦理　　　D. 家庭伦理
10. (　　)不属于工程伦理的含义。
    A. 是对工程负责的态度,无论是一个人还是一个团队,对所参与工程必须要有负责任的态度
    B. 是工程项目内在的伦理,即工程的伦理准则

C. 因缺乏工程伦理章程而导致的问题

D. 是工程项目核心实施者之一的工程师的职业伦理,即工程师的伦理准则

11. ( )不属于工程教育的核心内容。

  A. 忠诚于股东 B. 意识与责任 C. 明辨是非 D. 先觉先知

12. 算法的核心就是按照设定程序运行,以期获得理想结果的一套指令。所有的算法都包括输入、输出以及( )这样几个共同的基本特征。

  ① 明确性 ② 有限性 ③ 低成本 ④ 有效性

  A. ①②③ B. ②③④ C. ①③④ D. ①②④

13. 我们生活在算法的时代。"算法黑箱"是指信息技术算法的( )。

  ① 不为人知 ② 不公开 ③ 不透明 ④ 不值钱

  A. ②③ B. ①② C. ①④ D. ③④

14. 面对"算法黑箱",不少人主张、呼吁算法透明。其理由很多,其中包括( )。

  ① 算法透明是消费者知情权的组成部分,有助于打破算法歧视

  ② 算法透明有助于缓解信息不对称、防止利益冲突

  ③ 算法透明有助于防止人为不当干预

  ④ 算法透明有助于参考复制,以降低程序设计的作业成本

  A. ①③④ B. ①②④ C. ①②③ D. ②③④

15. 现实中反对算法透明的声音也不少,其主要理由包括( )。

  ① 有助于减少麻烦 ② 防止算法趋同

  ③ 信息过载或难以理解 ④ 希望技术垄断

  A. ①③④ B. ①②④ C. ②③④ D. ①②③

16. 2017年,美国计算机学会公众政策委员会公布了6项算法治理指导原则,如知情原则、质询和申诉原则、算法责任认定原则,还包括( )。

  ① 免责原则 ② 解释原则

  ③ 可审计原则 ④ 数据来源披露原则

  A. ②③④ B. ①②④ C. ①③④ D. ①②③

17. 算法治理指导原则中的( )原则,即算法设计者、架构师、控制方以及其他利益相关者应该披露算法设计、执行、使用过程中可能存在的偏见以及对个人和社会造成的潜在危害。

  A. 知情 B. 利润 C. 解释 D. 质询和申诉

18. 算法治理指导原则中的( )原则,即采用算法自动化决策的机构有义务释疑算法运行原理以及算法具体决策结果。

  A. 知情 B. 利润 C. 解释 D. 质询和申诉

19. 算法治理指导原则中的( )原则,即监管部门应该确保受到算法决策负面影响的个人或组织享有对算法进行质疑并申诉的权力。

  A. 知情 B. 利润 C. 解释 D. 质询和申诉

20. 人们呼吁算法透明,要追求透明的应该是( )。
   A. 算法源代码   B. 算法说明   C. 算法图形   D. 算法所有人

【研究性学习】 辩论:算法是否应该透明

小组活动:通过讨论,深入了解有关算法透明之争的内涵、不同的观点及其对信息技术发展的影响。

正方观点:算法应该透明。面对"算法黑箱",主张和呼吁算法透明。

反方观点:算法不能透明。偏见存在于人类决策的方方面面,要求算法满足高于人类的标准是不合理的。

记录:请记录小组讨论的主要观点,推选代表在课堂上简单阐述你们的观点。

本小组担任:□正方辩手 □反方辩手

本小组的基本观点是:_____

_____

_____

_____

_____

评分规则:若小组汇报得5分,则小组汇报代表得5分,其余同学得4分,其余类推。

实验评价(教师)

_____

_____

大数据伦理规则

【导读案例】 爬虫技术的法律底线

网络爬虫(图 4-1),又称为网页蜘蛛、网络机器人,或者网页追逐者,是一种应用于搜索引擎领域,按照一定规则自动抓取互联网信息的程序或者脚本,是搜索引擎获取数据来源的支撑性技术之一,也是互联网时代一项普遍运用的网络信息搜集技术。通常,一个网络爬虫的行为流程可以分解为采集信息、数据存储和信息提取三个步骤。

图 4-1 网络爬虫

近几年来,开发者因为使用爬虫技术而锒铛入狱的案例不少。

2015 年,某公司授意 5 名程序员,利用网络爬虫获取一公司服务器的公交车行驶信息、到站信息等数据,导致这 5 名程序员需承担相应的连带法律责任。

2019 年,某公司主管人员张某、宋某、侯某和郭某利用爬虫技术非法爬取北京字节跳动公司服务器中存储的视频数据,被告人依法被判处有期徒刑 9~10 个月,并处罚金。

这样的案件让开发者不安,爬虫也违法?公司让我爬取数据,爬还是不爬?其实,不仅是开发者,企业使用爬虫技术也存在很多风险。怎么规避风险也成了一个大难题。

2012 年,360 搜索爬取百度等旗下多个网站内容,最终被裁定赔偿百度 70 万元。

2017 年,秀淘非法抓取今日头条内容,被告被判九个月至一年不等的有期徒刑,并处罚金。

仔细研究有关爬虫技术的相关案例,我们可以总结出如何合法地使用爬虫技术,规避风险。

1. 遵守 Robots 协议

搜索引擎通过 robot(又称为 spider)程序自动访问互联网上的网页,并获取网页信息。当网站拒绝爬虫访问爬取数据时,可以在根目录下存放 robots.txt 文件(统一小写),告诉爬虫不能爬取网站全部或部分指定内容。

Robots 是网站和爬虫之间的君子协议,robots.txt 中指定的内容不允许爬虫访问。在 360 搜索爬取百度内容一案中,就是因为 360 搜索违反了 Robots 协议,最终被判罚。

不过,网站中若没有该协议,也并不意味着就能随意爬取数据,也有可能造成违法。robots.txt 协议并不是一个规范,而只是约定。举例来说,当 robot 访问一个网站(如 http://www.abc.com)时,首先会检查该网站根目录下是否存在 http://www.abc.com/robots.txt 这个文件,如果机器人找到这个文件,就会根据这个文件的内容来确定它访问的范围。

2. 爬虫的黑客行为

开发者使用爬虫技术,如果请求频率过高,接近 DDoS 攻击的频率,一旦造成目标服务器瘫痪,就不是爬虫行为,而是黑客行为,必定要承担相应的责任。

如果目标网站已使用爬虫管理程序等来控制和管理爬虫,或者使用了一些反爬措施,以及正常用户不能到达的页面,而开发者强行突破以上这些措施,同样会被界定为黑客行为。

3. 爬取内容

爬取下列内容是高压线,不能触碰。

(1) 爬取用户信息谋利。2018 年,北京某新三板挂牌公司使用爬虫技术非法窃取用户个人信息 30 亿条,该公司及其关联公司 6 名犯罪嫌疑人被控制。用户个人信息属于敏感信息,严禁使用爬虫爬取这些信息,近几年对这种行为的打击力度越来越大。

(2) 爬取商业数据。2018 年,武汉某科技公司法定代表人授意 4 名员工非法爬取竞争对手数据,被判赔 50 万元。很多公司为了获得竞争优势,会使用爬虫技术爬取竞争对手的内容,但这一手段会构成不正当竞争。

(3) 爬取知识产权数据。爬取大量带有知识产权的数据并用于商业目的,属于违法行为。

不难看出,爬虫技术本身并不违法,关键在于使用的方式和目的。爬虫爬数据有几个雷区,一是只能爬取公开数据,二是不能对目标业务和网站造成影响,三是目标网站的全部或部分内容没有使用反爬措施。

资料来源:根据网络资料整理。

阅读上文,请思考、分析并简单记录:

(1) 一个网络爬虫的行为流程可以分解为哪些基本步骤?

答:_____

_____

_____

(2) 请简述,如果你是公司的一名程序员,公司领导要求你用爬虫技术爬取数据,爬还是不爬?为什么?

答：_____
_____
_____

（3）爬虫技术本身并不违法，那么，使用爬虫技术要避免的雷区是什么？你认为有必要遵守吗？

答：_____
_____
_____

（4）请简单记述你所知道的上一周内发生的国际、国内或者身边的大事。

答：_____
_____
_____

4.1 关于数据共享

计算机网络技术为信息传输提供了保障，不同部门、不同地区间的信息交流逐步增加。为了有效地利用网络数据，需要解决多种数据格式的数据共享与数据转换问题。简单地说，数据共享（图4-2）就是让在不同地方使用不同计算机、不同软件的用户能够读取他人数据，并进行各种操作运算和分析。

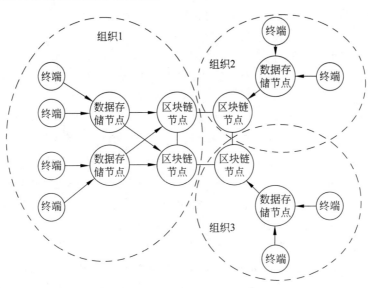

图 4-2 数据共享

4.1.1 数据共享问题

如今,数据共享存在的问题包括:

(1) 数据共享的观念尚未形成。以政府部门为例,各部门经历了可行性研究、调整概算、招投标、详细设计、等级保护等一系列大费周章的过程,好不容易花费大笔经费建立起本部门相对独立的信息化系统,收集的数据都是专有的垄断性数据,一般不会轻易对外共享。如今,大数据的概念已经为社会所广泛接受,人们清楚数据存在价值,产生价值,自然不会将自家的数据拱手送人。此外,各单位专注于数据的职能,信息化手段只是日常管理过程中的辅助措施。这样的定位也使数据流动共享的观念尚未形成。

(2) 数据共享的机制尚未建立。信息共享是一种持续性的长效机制,从法律层面上尚未出现数据共享的要求。

(3) 信息化标准不统一。在信息孤岛的现状下,机构间信息化标准不统一,因此,数据共享前的准备工作远不是想象得那么简单。从权利清单、共享目录、数据项标准、交换格式、交换标准等多方面,数据一旦发生变化,都要对相关的内容进行调整。

(4) 基础设施不完善。数据共享离不开信息化建设,需要有统一的数据共享交换平台。

4.1.2 个人数据和匿名数据

利用算法进行全面分析,大数据可以用来判断未来的发展趋势与相互关系,也可能直接影响到个人。

(1) 个人数据。定义为"与特定或可识别自然人相关的任何信息;尤其是能通过姓名、用户身份识别号、定位数据、在线标识或特定的一个或多个该自然人的物理、生理、遗传、心理、经济、文化和社会身份等信息,直接或间接识别的自然人,称其为可识别的自然人"。此类数据可以是姓名、住址、性别、职业、出生日期、电话号码、电子邮件地址、城镇、国家、车牌号、用户名和密码等。在个人数据中,有一个特殊类别是敏感数据,它受特定法律规则的约束,包括有关民族或种族、政治和哲学观点、宗教信仰、性行为及其偏好和健康数据等个人信息。

(2) 匿名数据。定义为"数据保护的原则应适用于任何一个特定或可识别自然人的相关信息"。经过匿名处理的个人数据,如通过使用附加信息就能确定某个可识别的自然人,此类信息仍归为可识别自然人的相关信息。判断一个自然人是否可被识别,应考虑所有的可行方法和客观因素,如识别成本和所需时间,同时还应考虑进行识别时技术的可行性及技术发展情况。因此,匿名信息,即与特定或可识别自然人无关的信息,或以匿名方式提供的无法识别主体的个人数据,不适用于数据保护原则。

"匿名化"是指对个人数据的匿名处理方式,在未使用附加信息的情况下不能确定数据的主体,前提是附加信息被分开存储,并采取了技术和管理措施,以确保个人数据不具有特定自然人或可识别自然人的属性。这其中关键的一点是,个人数据一旦经过匿名处理后,在未经数据主体任何事先授权的情况下,可对该数据进行任意处理。但其至少存在以下两种可重新识别数据主体的可能性:第一,应用去匿名化技术追溯原始个人数据;第二,通过多种或特定数据组识别特定自然人或某个特定群体。

4.2 大数据伦理问题

"大数据伦理问题"属于科技伦理的范畴,指的是由于大数据技术的产生和使用而引发的社会问题,是集体和人与人之间关系的行为准则问题。作为一种新的技术,像其他所有技术一样,大数据技术本身是无所谓好坏的,而它的"善"与"恶"全然在于对大数据技术的使用者,即想要通过大数据技术达到怎样的目的。一般而言,使用大数据技术的个人、公司都有着不同的目的和动机,由此导致了大数据技术的应用会产生积极影响和消极影响。

大数据是 21 世纪的"新能源",已成为世界政治经济角逐的焦点,世界各国纷纷将大数据发展上升为国家战略。大数据产业在创造巨大社会价值的同时,也遭遇隐私侵权和信息安全等伦理问题,发现或辨识这些问题,分析其成因,提出解决这些问题的伦理规制方案,是大数据产业发展亟待解决的重大问题。

大数据产业面临的伦理问题主要包括数据主权和数据权问题、隐私权和自主权的侵犯问题、数据利用失衡问题,这些问题影响了大数据生产、采集、存储、交易流转和开发使用的全过程。

4.2.1 数据主权和数据权问题

由于跨境数据流动剧增、数据经济价值凸显、个人隐私危机爆发等多方面因素,数据主权和数据权已成为大数据产业发展遭遇的关键问题。数据的跨境流动是不可避免的,但这也给国家安全带来了威胁,数据的主权问题由此产生。数据主权是指国家对其政权管辖地域内的数据享有生成、传播、管理、控制和利用的权力。数据主权是国家主权在信息化、数字化和全球化发展趋势下新的表现形式,是各国在大数据时代维护国家主权和独立,反对数据垄断和霸权主义的必然要求,是国家安全的保障。

数据权包括机构数据权和个人数据权。机构数据权是企业和其他机构对个人数据的采集权和使用权,是企业的核心竞争力。个人数据权是指个人拥有对自身数据的控制权,以保护自身隐私信息不受侵犯的权利,也是个人的基本权利。个人在互联网上产生了大量的数据,这些数据与个人的隐私密切相关,个人对这些数据拥有财产权。

数据财产权是数据主权和数据权的核心内容。以大数据为主的信息技术赋予了数据以财产属性,数据财产是指将数据符号固定于介质之上,具有一定的价值,能够为人们所感知和利用的一种新型财产。数据财产包含形式要素和实质要素两部分,数据符号所依附的介质为其形式要素,数据财产所承载的有价值的信息为其实质要素。2001 年,世界经济论坛将个人数据指定为"新资产类别",数据成为一种资产,并且像商品一样被交易。

4.2.2 隐私权和自主权被侵犯

数据的使用和个人的隐私保护是大数据产业发展面临的一大冲突。数据权属问题目前还没有得到彻底解决。数据权属不明的直接后果就是国家安全受到威胁,数据交易活动存在法律风险和利益冲突,个人的隐私和利益受到侵犯。

在互联网发展初期,只有个人的保密信息与个人隐私关联较为密切;而在大数据环境下,个人在互联网上的任何行为都会变成数据沉淀下来,这些数据的汇集可能导致个人隐私的泄露。绝大多数互联网企业通过记录用户不断产生的数据监控用户在互联网上的行为,据此对用户进行画像,分析其兴趣爱好、行为习惯,对用户做各种分类,然后以精准广告的形式给用户提供符合其偏好的产品或服务(图 4-3)。另外,互联网公司还可以通过消费数据等分析评估消费者的信用,从而提供精准的金融服务,进行盈利。在这两种商业模式中,用户成为被观察、分析和监测的对象,这是用个人生活和隐私来成全的商业模式。

图 4-3　大数据杀熟

4.2.3　数据利用失衡

数据利用的失衡主要体现在两方面。

(1) 数据的利用率较低。随着移动互联网的发展,每天都有海量的数据产生,全球数据规模呈指数级增长。但是,一项针对大型企业的调研结果显示,企业大数据的利用率仅在 12% 左右。就掌握大量数据的政府而言,其数据的利用率更低。

(2) 数字鸿沟现象日益显著。数字鸿沟束缚数据流通,导致数据利用水平较低。大数据的"政用""民用""工用",相对于大数据在商用领域的发展,无论技术、人才还是数据规模都有巨大的差距。现阶段,我国大数据应用较为成熟的行业是电商、电信和金融领域,医疗、能源、教育等领域则处于起步阶段。由于大数据在商用领域产生巨大利益,数据资源、社会资源、人才资源均往这些领域倾斜,涉及政务、民生、工业等经济利益较弱的领域,市场占比很少。在商用领域内,优势的行业或优势的企业也往往占据了大量的大数据资源。大数据的"政用""民用""工用"对于改善民生、辅助政府决策、提升工业信息化水平、推动社会进步可以起到巨大的作用,因此大数据的发展应该更加均衡,这也符合国家大数据战略中服务经济社会发展和人民生活改善的方向。

4.2.4 数据伦理问题的 10 方面

大数据的伦理问题具体表现在以下 10 方面。

(1) 意识。当人们注册在线服务时,数字身份(如脸书与谷歌账号)的创建或使用往往会得到迅速处理。虽然数字身份使在线资源的利用更为简单快捷,但同时也造成了身份提供者和所使用服务之间数据共享的不透明。事实上,数字身份提供者除用户在订阅时提交的细节外,还能收集用户登录浏览时生成的数据,这些数据极为详尽且事关个人隐秘。

由于人们丧失了必要的知情权,即哪些个人数据正被收集,以及如何处理这些被收集的个人数据,这种使用大数据的方式削弱了个人权利。

(2) 控制。用户经常面对这样的情况:当用户决定要把他们提供给某个服务商的部分或全部数据删除时,即便服务商听从了用户的请求并确实删除了相关数据,但对已进行了大量处理的用户数据却不会造成影响,从而导致用户丧失对个人数据访问权的掌控。

(3) 信任。在大数据背景下,信任与广义的一般隐私权和意识问题具有千丝万缕的联系。人们更多地从严格的技术层面应对信任问题,还没有透彻了解如何在计算机环境下建立人际信任关系,同时,在物联网环境下创建一个有助于建立人机信任关系的架构仍有待时日。

(4) 所有权。围绕原始数据集被处理后生成的用户数据,还存在着一个更为复杂的所有权问题:它们究竟属于用户,还是属于从事数据分析的公司抑或原始数据的收集者?这一问题的解决办法是限制数据的物理存储空间,即服务器的所在国。欧盟的做法是,逐步限制欧盟公民的数据被存储在"欧洲云"之外的地方。这种方法仍然无法解决已被处理的数据应存储在何处的问题,且在落实为具体的法律与政策之前,无法解决理论上如何定义数据所有权的道德难题。

(5) 监视与安全。由于数据源的增加和技术进步,分析数据以生成有价值的信息这一过程变得更加便捷。在许多情况下,利用某种方式,定位某人的位置已变得不足为奇,甚至较为普遍。

(6) 数字身份。数字身份的广泛应用为获取个人在线公开信息提供了丰富数据。虽然上述过程在一定范围内具有合法性,但由于是基于数据而非某人本身对自己的评价,因此很有可能造成歧视。这就是人们常说的"数据独裁"。

(7) 经过裁剪的真实性。每当人们使用搜索引擎,通过关键字搜索从在线商城购买某个商品或提交个人详细信息时,这些数据都可能被存储。在随后的网络访问中,商家利用数据处理及分析,就能在搜索页面上显示个性化结果,并向用户的电子邮箱发送营销信息,在社交网络与其他服务页面上推送广告,从而为用户带来一种更加个性化却更狭窄的在线体验(即所谓的"泡沫过滤"),这有可能对创造力和宽容态度的形成构成强大的阻碍。

(8) 去匿名化。传统的匿名化技术侧重于数据,通过删除(或替换)特殊的可识别信息(例如税控码、医保号码)使数据条目失去指定性。但这一方法无法解决由各种资源(如投票清单和社交网络概况)组成的数据集所生成的强大信息。一旦获得这种信息,即使是完全匿名的信息,某种程度上就能大致确定某个个体。

(9) 数字鸿沟。指借助新技术(如互联网)获得各种服务时遭遇的困难。

(10) 隐私权。指人们拥有的个人信息非经许可,他人不得使用的权利。虽然有观点认为,公民愿意放弃部分隐私权,以换取更大的人身安全和安全保障,却无法确保所有人都有此愿望。此外,把隐私权当作交换筹码这一行为本身,在某种程度上就有违道德。

4.3 大数据伦理问题的根源

从数据伦理的视角来看,大数据产业面临的问题与开放共享伦理的缺位和泛滥、个体权利与机构权力的失衡密切相关。事实上,大数据技术自身存在着逻辑缺陷。

(1) 大数据技术应用的前提是要搜集和挖掘大量的元数据。这些元数据记录着你的行走轨迹、发送短信的时间、内容与对象、浏览商品的跳转次数,还有网页的停留时间与回复等。这些看似只具有单一属性的数据,通过大数据技术的梳理、整合、分析,可以得到你不想为他人所知的敏感数据。数据的"二次使用"和预测模型的建立都需要不断更新数据集来进行试错检验。目前,用于建模和分析的数据大多来源于互联网用户在使用过程中留下的足迹,而是否获得其产生者的许可是判断是否侵犯隐私的关键证据。即使每一个数据使用者都规范采集,在征求生产者同意的原则上才进行数据的搜索与分析,但仍然难以避免数据泄露。因为在由技术驱动的互联网中搜寻可用信息本身就是一个极易泄露个人数据的行为。

(2) 大数据技术以庞大的数据作为支持,因而数据的搜集除了网络上公开信息的获取,还需要对专业型数据进行"分享"。目前,关于信息"分享"没有明确的规则、流程和制度保护,盲目地公开科研数据和政府数据会导致严重的资料泄露事件发生,甚至危害个人乃至国家安全。

(3) 新技术条件下数据保护的伦理规范滞后。从外部和内部两方面来分析新技术对旧有伦理规范的冲击。

从内部来说,在人们旧有的观念中,网络信息的所有权是归属于其数据生产者的,未经过允许就对他人数据进行搜集的行为是对他人隐私的侵犯。而且大数据技术独有的大数据预测,在一定程度上能准确预测出你的性格、喜好甚至是下一步可能做出的选择。这种状况似乎给人一种机器比你还了解你自己的错觉,无形之中加大对智能系统的依赖,人作为社会关系的主体地位逐渐缺失。

从外部来看,现有的社会秩序和法律规范还不能很好地适应大数据技术的高速发展,很多随技术发展而出现的新问题并未及时地包含在已有的规范之中。特别是当个人数据与集体利益、公共利益发生冲突时,行之有效的终极道德标准还未被确认,公众关于此类问题的认知未达成一致,众多误解与麻烦由此产生。

(4) 各主体的道德伦理意识尚未形成。道德意识弱化主要表现在两方面:互联网用户在网络空间中的自我控制与行为约束不足;道德伦理教育匮乏。网络空间是由计算机构成的新型社会组织,每个人在其中发表言论、浏览网页,甚至交朋友使用的都是"虚拟身份",使得互联网用户获得了现实社会所不能比拟的自由度,可以在网络中任意宣泄现实生活中的紧张、压抑、烦躁、焦虑等负面情绪。这种不受控制的宣泄行为一旦长期发展,就很有可能演变成非理性的、恶意的言语攻击,而产生消极效用。同时,大数据技术应用带来的"智慧"生活则有可能让人们过度依赖智能产品,降低记忆力和思考能力,逐渐变得缺乏自我选择能力,在无意识的状态下泄露更多的个人数据。

4.4 欧盟的大数据平衡措施

大数据战略已经成为国家战略,从国家到地方都纷纷出台大数据产业的发展规划和政策条例。为了有效保护个人数据权利,促进数据的共享流通,世界各国对大数据产业发展提出了各自的伦理和法律规制方案。欧盟在2018年5月起正式实施《通用数据保护条例》,它也成为目前世界各国在个人数据立法方面的重要参考。该条例充分保障数据主权,其地域适用范围可包括欧盟境外的企业。该条例将"同意"作为数据处理的法律基础,由"同意"来行使个人数据权利,相应地体现透明机制。

最初,数据收集中隐私权规则的制定是为了保护私生活不受侵犯,并避免因信息收集带来的歧视。目前,大数据的定量分析和结构化信息可以形成新的洞察力,从而能够造成商业歧视和群体歧视。随着群体(按地理位置、年龄、性别等因素划分群体)变小,更容易引发歧视问题。

在大数据背景下,除能够确定某特定自然人的数据外,人们还能借助数据识别某个群体而非个体的特定行为、消费方式及健康状况等信息。因此,为了让网络与信息技术长远地造福于社会,必须规范对网络的访问和使用,这就对政府、学术界和法律界提出了挑战,对现行法律和社会管理模式带来了新的挑战。在法律框架下,有必要重新思考保护公民的全新方式。

欧洲经济和社会委员会于2017年3月发布《大数据伦理——在欧盟政策背景下,实现大数据的经济利益与道德伦理之间的综合平衡》的报告,在对大数据伦理进行总体概括的基础上,重点讨论并融合各方面见解,为平衡欧洲经济增长与大数据应用下个人隐私权的保护,提出了保护基本人权的几项制衡措施。

4.4.1 欧盟隐私权管理平台

《通用数据保护条例》指出"自然人应有权掌控其个人数据"。强调指出,参与方激增及实际技术复杂性使数据的主体难于认识和理解个人数据是否与该自然人相关,以及如何在运用透明度原则的前提下使该自然人应用与其相关的个人数据。因此,直接赋予公民控制其个人数据和虚拟身份信息的权力和有效手段,显得至关重要。

其设想是建立泛欧门户网站,作为欧洲唯一的隐私权管理中心,欧洲公民可自愿注册并登录其个人页面,浏览已经获得和当前存储、处理、共享及再利用其个人数据的所有公私实体列表。每个企业、服务供应商、公共机构等,在该平台可以看到以下内容:

- 各实体所收集个人数据的种类(如姓名、出生日期、购买的商品、信用卡号码),而非实际数据。

- 该实体如何管理个人数据及欧盟法律,特别是《通用数据保护条例》的遵守情况。
- 实体提供哪些服务,以交换何种数据,哪些服务当前有效。
- 相关数据是否与第三方共享。
- 个人数据自动化处理流程背后的逻辑,以及当上述处理流程进行数据分析时获得的结果。
- 如何撤销授权并请求删除数据和/或停用服务的信息。
- 数据管理人员和数据保护专员的身份验证。

由于人们通常不熟悉如何在网络或移动环境下管理隐私权设置,该平台可以轻松找到退出某些特定服务的页面,用户由此即可拒绝授权该实体处理其个人数据。在理想情况下,平台还可帮助用户了解,若其决定撤销授权将会产生哪些后果。

将所收集的数据与提供的服务加以对比,有助于了解企业是否遵循了数据最小化原则。该原则规定所收集的个人数据必须适当、相关且仅限于与处理该数据的目的密切相关的必要数据。

该措施是将数字通信中的个人数据处理的直接控制权归还给数据所有人,因此,这是强化意识和授权情况知情权的一项强有力的措施。而且,该系统也有助于解决数字服务用户对平时扩散数据缺乏留意的状况。该平台还将为人们行使访问权、请求纠正或删除其个人数据提供支持。

在此情况下,各实体具有是否对其所收集和处理的个人数据实行强制性注册,并向所有用户提供相关信息这两种情况。一旦企业具备了数据政策和个人数据管理体系,用户即可直接核查该企业对个人数据的处理方式,并因此与该企业建立基于透明和信任的新型关系。

4.4.2 伦理数据管理协议

伦理数据管理协议是由类似于企业、机构或任何其他出于商业、科学研究或其他原因拥有和处理大量(个人)数据的主体的自觉行为,增加透明度,使人们了解公、私大数据拥有者对于欧盟法律的遵守程度。初步设想是设计一个可靠的欧洲认证体系,在数据保护领域进行各种企业认证。欧盟立法委员会在《通用数据保护条例》中大致论述了该项措施,研究小组已与各相关方进行了讨论,以了解该项措施的适用范围。

自愿认证须基于《通用数据保护条例》的主要原则,特别是数据最小化、谨慎对待敏感数据和健康数据、尊重被遗忘的权利、数据可移植性、数据保护成为默认和规定状态。

为建立一个适用于各类企业及其所提供服务的通用体系,按照数据最小化原则确定质量标准,进行专门的"行业研究",确定支持各项服务所需的数据类型,同时明确要求临时存储于企业服务器数据的时间跨度(数据保留延迟)以及预先规定的用途。

换言之,该设想有必要进行行业研究,以阐明如何在过程中运用欧盟标准和原则。可由国际标准化组织按照新的欧盟法规进行标准的设计。从客户的角度看,经过个人数据伦理管理的标准化程序认证后所获得的标识是该企业值得信赖的保证。而企业想积极获得个人数据管理认证的原因是:首先,这是展示企业从事商业活动中对法律和公民权利的尊重。其次,企业可将隐私权和数据保护作为一项资产,从而推动企业其他经济目标的完成。最直接的受益是此举可提升公司的声誉,对本企业与客户及其他企业之间的关系均有积极作用。此外,认证对于企业而言也是一种手段,用来定期检查其对欧盟法规的遵守情况。

4.4.3 数据管理声明

当今社会,企业的成功越来越依赖于企业股东、客户、员工和公众的信任。为增强各利益方的信心,在自愿的基础上,一些企业或愿意声明将如何收集、利用和销售商业活动中获得的个人数据。该项措施旨在创建一份"数据管理声明",包含以下内容:采用政策、所收集数据的定性描述、未来用途。企业应定期在"数据管理声明"中阐述其所采用的政策(包括一次性和永久性政策),以及为确保数据安全和隐私权控制而采取的具体措施。

本项措施旨在防止、降低或评估下列问题:过度的数据收集、用户隐私权面临的风险、第三方对数据有害/不道德的运用、安全漏洞。自愿采取这一措施的企业可为各种数据管理措施提供依据,从而提升用户的信任和数据保护意识。

相关声明应包含企业在执行或为使相关措施保持有效性时所遇到的法律、技术、基础设施等方面的具体困难,以及根据欧盟政策提出的建议或意见。企业还应说明将收集哪类数据、如何收集、根据哪些类型的个人信息进行收集、从什么来源获取上述数据以及收集频率。

另一个重要内容是数据的处理策略。例如,数据聚合级别,或在数据处理前/后的数据集是否会汇入其他数据集。在这种情况下,必须明确说明次级数据源。此外,必须明确说明从服务器中删除数据的准确时间范围,并对使用加密和匿名化技术的情况作明确说明。

为鼓励企业采用程序化方案,该声明模型还应包括专门针对伦理数据管理框架进行持续改进的设计内容,并为未来数据应用提供依据。这将为用户和企业提供一个机会,以评估数年来企业所取得的进步。评估重点涵盖上述各项内容,并就如何改进每项指标进行定量评估。

为确保不同主体的声明以及在伦理方面各方的表现具有可比性,相关声明应遵守一定的指导方针。为此,可以根据不同的相关方、参与方和欧洲层级的管理机构之间的讨论制定一个标准。

从民众的角度看,该措施的主要好处是提高了个人数据的使用、存储和处理的透明度,进而加深对上述问题的了解。另外,若能认真遵守相关规定,作为一种营销手段,企业也可以借此提升声誉。

4.4.4 欧洲健康电子数据库

本项措施包括创建包含欧盟公民医疗相关数据的欧洲数据库。当欧盟公民在公立医院或接受政府补贴的私立医疗机构接受治疗时,院方会就其将个人数据收录并存储于由欧盟管理的数据库一事征得患者同意。该授权还包括授权院方,可使用患者治疗相关的数据。数据的收集与传送应遵守标准交换协议,如在欧洲层级事先制定的健康水平等类似领域的标准。医疗数据在科研领域的应用,按照欧盟法规规定,个人有权决定其个人数据仅用于某些特定领域的研究工作。

科学家和研究机构必须向管理该数据库的欧盟机构提交申请才能使用数据库。申请必须包含有关科学家和研究小组、其所服务的机构等具体细节信息,以便进行身份核查。申请书必须说明申请使用某数据的研究项目(或该研究项目申请书)及其资助机构,附加需求信息的详细清单、各领域数据的申请理由和预期结果。该申请由欧盟管理机构进行评估,决定是否授予数据访问权限,数据将以适当匿名的方式提供,并粗化到足以实施该研究的细化水平。

欧洲公民个人可使用其法定数字身份信息(例如意大利公共数字身份认证系统),通过门户网站访问数据库,浏览、下载、管理和变更有关其个人医疗数据的使用授权信息。

一般公众有权访问可以浏览和下载公开数据的门户网站。在此公开的数据必须匿名且其粗化程度必须足以防止数据去匿名化处理和危及隐私权。通过门户网站本身和网络服务进行数据下载的授权,以此鼓励公众使用此类数据,核查数据的使用情况。

鉴于未来某些信息可以免费获得,医疗公开数据将在公民个人、公民协会和决策者、企业和日常决策流程中得到普遍应用。可以预见,基于医疗公开数据的服务有望得到大力发展。

健康电子数据管理系统最重要的益处如下:
- 欧盟公民对个人医疗健康数据将拥有更大的掌控权。
- 欧盟公民将更加了解与自己有关的医疗数据在什么时间、以何种方式被收集,这些数据以何种方式、在哪里以及由谁进行储存和应用。
- 透明度的提高将增加人们对医疗健康服务与研究的信任。

该系统还将丰富欧洲公民的数字身份信息,同时欧盟鼓励使用数字身份信息。随着医疗费用的降低,人们的生活品质得到改善。借助公开数据,人们还能了解各医疗机构的表现,更清楚地了解各医院的优势领域,从而在保健方面做出明智决策。

欧盟数据库面临的主要风险包括安全性和可能的数据泄露。具体来说,一旦数据库中的信息泄露,就可能出现非法监视公民个人习惯,以及出于非法目的将个人健康数据出售给一些企业,譬如保险公司等,从而干涉自由市场的行为。上述问题通常通过数据加密(使泄露的数据无法使用)、用联合数据库代替物理中央数据库,以及防止包含数据的服务器过于集中等手段加以解决。

在科学研究方面的一个潜在风险是,科学家一旦被授权拥有某个人的健康数据,其即有可能永久保存在计算机中。为防止此类数据被非法使用或超出其最初指定用途,应设计一套机制,使科学家对授权数据的正确使用和存储负责,一旦发生违法事件,法律责任由该科学家承担。

此外,推进大数据的数字化教育,旨在普及欧洲数字文化,尤其是使公众更加了解大数据,以及大数据对欧盟公民一生产生影响。

4.5 数据保护对策

相较于传统隐私和互联网发展初期,大数据技术的广泛运用使隐私的概念和范围发生了很大变化,呈现数据化、价值化的新特点。大数据隐私保护伦理问题的产生,是原有互联网发展初期隐私保护伦理问题的演进。互联网发展初期原有的隐私尊严问题进一步上升为个人权利问题,道德约束力下降发展为政府与企业责任的缺失,个人利益与公共利益困境更是进一步影响到了社会公平。而这些伦理问题的产生不仅是大数据技术自身逻辑的缺陷,也是由新技术与旧有伦理规范不相适应,各参与主体隐私保护伦理意识缺乏所引起的。面对这样的伦理困境,大数据时代隐私保护伦理问题的解决需要从责任伦理的角度出发,关注大数据技术带来的风险,倡导多元参与主体的共同努力,在遵守大数据时代隐私保护伦理准则的基础上加强道德伦理教育和健全道德伦理约束机制。

4.5.1 构建数据保护伦理准则

构建大数据时代数据保护的伦理准则包括:

(1) 权利与义务对等。数据生产者作为数据生命周期中的坚实基础,既有为大数据技术发展提供数据源和保护个体隐私的义务,又有享受大数据技术带来便利与利益的权利。数据搜集者作为数据生产周期的中间者,既可以享有在网络公共空间中搜集数据以得到利益的权利,又负有在数据搜集阶段保护用户数据的义务。数据使用者作为整个数据生命周期中利益链条上游部分的主体,在享有丰厚利润的同时,也具有推进整个社会发展、造福人类和保护个人隐私的义务。

(2) 自由与监管适度。在大数据时代,主体的意志自由正在因严密的监控和数据泄露所导致的个性化预测而受到禁锢。而个人只有在具有规则的社会中才能谈自主、自治和自由。因此,在解决大数据时代数据保护的伦理问题时,构建一定的规则与秩序,在维护社会安全的前提下给予公众适度的自由,也是大数据时代数据保护伦理准则所必须关注的重点。所以,要平衡监管与自由两边的砝码,让政府与企业更注重个人数据的保护,而个人加强保护数据的能力,防止沉迷于网络,努力做到在保持社会良好发展的同时也不忽视公众对个人自由的诉求。

(3) 诚信与公正统一。在大数据时代,因丰厚经济利润的刺激和社交活动在虚拟空间的无限延展,使得互联网用户逐渐丧失对基本准则诚信的遵守。例如,利用黑客技术窃取用户信息,通过不道德商业行为攫取更多利益等。在社会范围内建立诚信体系,营造诚信氛围,不仅有利于大数据时代数据保护伦理准则的构建,更是对个人行为、企业发展、政府建设的内在要求。

(4) 创新与责任一致。在构建大数据时代数据保护的伦理准则时,可以引入"负责任创新"理念,对大数据技术的创新和设计过程进行全面的综合考量与评估,使大数据技术的相关信息能被公众所理解,真正将大数据技术的"创新"与"负责任"相结合,以一种开放、包容、互动的态度来看待技术的良性发展。

4.5.2 注重数据保护伦理教育

在大数据时代的实践中,需要重视数据保护的道德伦理教育。

(1) 树立风险与利益相平衡的价值观。在责任伦理这种将视角聚焦于未来的伦理学的指导下,应该了解大数据技术可能会给社会发展、人类进步带来益处与坏处。因此,要树立利益与风险共享的正确价值观,完善对数据生命周期参与主体的道德伦理教育。

(2) 加强责任伦理意识培养。在大数据时代,从责任伦理的角度出发,加强责任伦理意识的培养,不仅是现代社会科技发展和当代伦理学理论实践的需求,也是约束科技人员和科技使用者权利,提高社会公众道德修养的重要方法。加强责任伦理意识培养的最终目的,就是在一定程度上使各参与主体认识到目前科技行为所需要承担的未来后果,并以制度的形式建立一系列明确的公共道德规范,让人们知道什么是应当做的、什么是不应当做的,使人们有正确的道德价值定位和价值取向。

4.5.3 健全道德伦理约束机制

健全大数据时代数据保护的道德伦理约束机制,包括:

(1) 建立完善的数据保护道德自律机制。个人自觉保护数据,首先应该清楚意识到个人信息安全的重要性,做到重视自我隐私,从源头切断个人信息泄露的可能。政府、组织和企业可以通过不断创新与完善数据保护技术的方式让所有数据行业从业者都认识到数据保护的重要性,并在数据使用中自觉采取数据保护技术,以免信息泄露。企业还可以通过建立行业自律公约的方式来规范自我道德行为,以统一共识的达成来约束自身行为。

(2) 强化社会监督与道德评价功能。首先,建立由多主体参与的监督体系来实时监控、预防侵犯数据行为的发生。多主体参与监督体系的建立在公共事务上体现为一种社会合力,代表着社会生活中一部分人的发声,具有较强的制约力和规范力,是完善大数据时代数据保护道德伦理约束机制的重要一步。其次,健全道德伦理约束机制还可以发挥道德的评价功能,用道德舆论的评价来调整社会关系,规范人们的行为。在大数据时代数据保护伦理的建设过程中,运用社会伦理的道德评价可以强化人们的道德意志,增强他们遵守道德规范的主动性与自觉性,将外在的道德规范转化为人们的自我道德观念和道德行为准则。

作　　业

1. 简单地说,(　　)就是让在不同地方使用不同计算机、不同软件的用户能够读取他人数据,并进行各种操作运算和分析。
　　A. 数据转换　　　B. 搜索引擎　　　C. 数据共享　　　D. 数据清洗

2. 为有效地利用大数据,需要解决多种多样数据格式的数据共享与数据转换问题。如今,数据共享存在的问题包括(　　)。
　　① 数据共享的观念尚未形成　　　② 数据共享的机制尚未建立
　　③ 信息化标准不统一　　　　　　④ 基础设施不完善
　　A. ①②③④　　　B. ②③④　　　C. ①②③　　　D. ①③④

3. (　　)可以定义为"与特定或可识别自然人相关的任何信息"。
　　A. 数据组合　　　B. 个人数据　　　C. 匿名数据　　　D. 公共数据

4. (　　)可以定义为"数据保护的原则应适用于任何一个特定或可识别自然人的相关信息."
　　A. 数据组合　　　B. 个人数据　　　C. 匿名数据　　　D. 公共数据

5. (　　)是指科学技术创新与运用活动中的道德标准和行为准则,是一种观念与概念上的道德哲学思考。

　　A. 道德伦理　　　B. 社会问题　　　C. 伦理道德　　　D. 科技伦理

6. "大数据伦理问题"指的是由于大数据技术的产生和使用而引发的(　　),是集体和人与人之间关系的行为准则问题。

　　A. 道德伦理　　　B. 社会问题　　　C. 伦理道德　　　D. 科技伦理

7. 大数据产业面临的伦理问题主要包括(　　),这三个问题影响了大数据生产、采集、存储、交易流转和开发使用全过程。

　　① 数据主权和数据权问题　　　② 隐私权和自主权的侵犯问题
　　③ 数据利用失衡问题　　　　　④ 不同国别大数据的不同存储容量
　　A. ①②③　　　B. ②③④　　　C. ①②④　　　D. ①③④

8. (　　)是指国家对其政权管辖地域内的数据享有生成、传播、管理、控制和利用的权力。

　　A. 数据财产权　　B. 机构数据权　　C. 数据主权　　　D. 个人数据权

9. (　　)是企业和其他机构对个人数据的采集权和使用权。

　　A. 数据财产权　　B. 机构数据权　　C. 数据主权　　　D. 个人数据权

10. (　　)是指个人拥有对自身数据的控制权,以保护自身隐私信息不受侵犯的权利。

　　A. 数据财产权　　B. 机构数据权　　C. 数据主权　　　D. 个人数据权

11. (　　)是数据主权和数据权的核心内容。以大数据为主的信息技术赋予了数据以财产属性。

　　A. 数据财产权　　B. 机构数据权　　C. 数据主权　　　D. 个人数据权

12. 从(　　)的视角来看,大数据产业面临的问题与开放共享伦理的缺位和泛滥、个体权利与机构权力的失衡密切相关。

　　A. 数据存储　　　B. 数据处理　　　C. 数据伦理　　　D. 数据主权

13. 事实上,大数据技术本身存在着逻辑缺陷,包括(　　)。

　　① 大数据技术应用的前提是要搜集和挖掘大量的元数据
　　② 新技术条件下数据保护的伦理规范滞后
　　③ 大数据技术要求以庞大的数据作为支持,数据搜集需要对专业型数据进行"分享"
　　④ 各主体的道德伦理意识尚未形成
　　A. ①③④　　　B. ①②③④　　　C. ①②④　　　D. ①②③

14. 为了有效保护个人数据权利,促进数据的共享流通,欧盟在2018年5月起正式实施的(　　)已成为目前世界各国在个人数据立法方面的重要参考。

　　A. NoSQL　　　B. Hadoop　　　C. DBMS　　　D. GDPR

15. 《通用数据保护条例》充分保障数据主权,将"(　　)"作为数据处理的法律基础,由此来行使个人数据权利,相应地体现透明机制。

　　A. 弃权　　　　B. 默许　　　　C. 同意　　　　D. 反对

16. 欧洲经济和社会委员会于( )年3月发布《大数据伦理——在欧盟政策背景下,实现大数据的经济利益与道德伦理之间的综合平衡》的报告,提出了保护基本人权的几项制衡措施。

  A. 2017   B. 2020   C. 1996   D. 2012

17. ( ),是指数据生产者既有为大数据技术发展提供数据源和保护个体隐私的义务,又有享受大数据技术带来便利与利益的权利。

  A. 创新与责任一致   B. 自由与监管适度

  C. 诚信与公正统一   D. 权利与义务对等

18. ( ),是指在解决大数据时代数据保护的伦理问题时构建一定的规则与秩序,在维护社会安全的前提下给予公众适度的自由。

  A. 创新与责任一致   B. 自由与监管适度

  C. 诚信与公正统一   D. 权利与义务对等

19. ( ),是指在社会范围内建立诚信体系,营造诚信氛围。

  A. 创新与责任一致   B. 自由与监管适度

  C. 诚信与公正统一   D. 权利与义务对等

20. ( ),是指引入"负责任创新"理念,以一种开放、包容、互动的态度来看待技术的良性发展。

  A. 创新与责任一致   B. 自由与监管适度

  C. 诚信与公正统一   D. 权利与义务对等

【研究性学习】 制定大数据伦理原则的现实意义

小组活动:阅读本章课文并讨论:

(1)"大数据伦理"的内涵是什么?为什么要重视大数据伦理建设?

(2)讨论和熟悉"大数据伦理问题的10方面"。

(3)请选择一个当前大数据技术的热点问题,例如"大数据杀熟",开展小组讨论,思考分析这个热点背后的大数据伦理因素以及我们的看法。

我们小组选择的讨论主题是:_____

记录:请记录小组讨论的主要观点,推选代表在课堂上简单阐述你们的观点。

评分规则:若小组汇报得5分,则小组汇报代表得5分,其余同学得4分,其余类推。

_____

_____

实验评价(教师)

_____

第5章

职业与职业素养

【导读案例】 "人肉计算机"数学家凯瑟琳·约翰逊

当地时间2022年2月24日,曾为水星计划与阿波罗计划、NASA(美国国家航空航天局)航天任务完成复杂弹道计算、推进计算机使用而做出重大贡献的数学家,被称为"人肉计算机"的数学家凯瑟琳·约翰逊(图5-1)逝世,享年101岁。2016年,以她及其他NASA早期黑人女雇员为原型的电影《隐藏人物》上映,她是片中塔拉吉·汉森扮演的原型人物。其中,最令人印象深刻的一段莫过于黑人女科学家对"质疑"自己的相亲对象说:"女性也能在NASA做事!不是因为我们穿裙子,而是因为我们戴眼镜。"该影片被提名为2017年奥斯卡最佳影片奖。

图5-1 数学家凯瑟琳·约翰逊

在NASA工作时期,凯瑟琳·约翰逊利用早期的数字计算机撰写程序,协助发展美国的太空探测计划,精确计算出天文导航的相关数据,这些数据奠定了日后美国水星计划的基础。凯瑟琳·约翰逊被认为是NASA第一批黑人女性科学家之一,2015年,她曾被时任美国总统奥巴马授予自由勋章。

NASA局长吉姆·布里登斯廷发布声明透露了凯瑟琳·约翰逊的去世,他表示:"凯瑟琳·约翰逊帮助我们的国家扩展了太空的边界,她大步向前,也为女性和'有色人种'打开了大门。她作为数学家的风险精神和技术帮助了人类登上月球,在此之前帮助了我们的宇航员迈出走向太空的第一步,如今我们在循着这趟旅程,迈向火星。我们永远不会忘记她的勇气和领导力,以及没有她,我们不可能达到的那些里程碑。"

凯瑟琳·约翰逊是NASA的第一批非洲裔女性之一,也是第一位在NASA工作报告上写下自己名字的女性。她出生于1918年,14岁就去了西弗吉尼亚州立大学数学系读书,1940年毕业,成为非裔美国学者威廉·谢弗林·克莱托的第三位博士。毕业后不久,她成为老师,并组建家庭,有了三个女儿。

直到1953年,因为亲戚说美国成立了美国国家航空咨询委员会(NACA),她便投递了简历,成为这个新部门的员工。1958年,NACA改名为NASA。从1958年到1986年,她一直是NASA的航空技术专家。

1961年,美国第一位太空人艾伦·谢波德的飞行轨迹是她计算出来的。

1961年的水星计划,是她计算了发射窗口,还绘制了万一出现故障后的导航图。

1969年,阿波罗11号登月,也是她参与计算了飞行轨迹。

1970年,阿波罗13号登月失败,返回地球的路线也是她来计算设置的。

可以说,美国每次重要的航天任务,背后的计算、路线规划等复杂任务都有她的身影。后来,她和女同事们的故事在2016年被拍成了电影《隐藏人物》。

同样是在这一年,NASA的一座新的研究建筑以她的名字命名——凯瑟琳·约翰逊计算研究设施;她还成为BBC评选的全球100位最有影响力女性。甚至,芭比娃娃的制造商美泰以她为原型创造了一款芭比娃娃,身上还带着NASA的徽章。现在,这位创造历史的人物已经离开了世界。NASA局长吉姆·布里登斯廷说,凯瑟琳·约翰逊是美国的英雄,她的开拓性遗产将永远不会被遗忘。

1. 200年前的女子人肉计算机

计算机刚出现的时候,是用女人头做计算能力单位的。

你有没有考虑过,在计算机和计算器出现之前,人们是怎么算SIN、COS和对数的呢?难道每次要用的时候,都要亲自手算吗?

其实,在200多年前,人肉计算机就出现了。一直到20世纪60年代真正的超级计算机出现前,计算都是人肉实现的。而且这些人肉计算机,大多数时候是女孩子,因此,在计算机出现之初,计算能力的单位是用女孩子的人头数来衡量的。

1790年,法国数学家和工程师、水利学家加斯帕德·普罗尼组织了一批人肉计算机,他(她)们的任务是,制造对数表和三角函数表,这样法国国民议会才能进行土地测量和登记。这些人肉计算机,许多是因为贵族倒台而失去工作的假发制造者,而这些假发制造者中的大多数是女孩子。

2. 便宜好用的哈佛天文台女计算机

到了19世纪,便宜好用的受过高等教育的女孩子成了天文计算的主力。

1885—1917年间,哈佛大学天文台雇佣了80个女子人肉"计算机"(图5-2)来分析成千上万的天文学摄影。这些"照片"是秘鲁和马萨诸塞州的天文望远镜拍摄的。因为当时的技术限制,这些"照片"用的是感光玻璃板,每块玻璃板上可能有超过10万个恒星。这些女人肉计算机要计算这些恒星的亮度,并根据恒星光谱将它们一个个分类。

哈佛大学表示,雇用女子人肉计算机的原因是雇不起男性,因为这些女性愿意接受25美分的时薪(相当于现在的6.6美元/时)。当时,麻省的女子文理学院拉德克利夫学院

图 5-2　哈佛大学天文台的女子人肉计算机

的毕业生甚至愿意当不拿薪水的实习生。

在这些女子人肉计算机中,亨丽爱塔·勒维特和安妮·坎农最为著名,因为她们的发现改变了天文学的历程。亨丽爱塔·勒维特的发现让埃德温·哈勃发现了哈勃定律,并得以发展出关于宇宙膨胀的理论。而另一位女子人肉计算机安妮·坎农后来发明了哈佛分类法,也就是根据恒星的颜色对其进行分类的方法,这个分类法后来在天文学上得到了广泛使用。

3. 二战时:男人在前方丢炸弹,女人在后方做计算

1945 年,世界上第一台可编程的通用计算机 ENIAC(图 5-3)出现了。ENIAC 重达 27t,占地 167m^2,功率是 150kW。理论上这个用真空管制造的计算机可以处理任何问题。但是在二战时,ENIAC 的主要任务是计算弹道。

图 5-3　部分保存在宾夕法尼亚大学的 ENIAC

二战快结束的时候,宾夕法尼亚大学的 6 位女性被挑选出来做 ENIAC 的程序员(图 5-4)。这些女性很乐于做这个工作,因为那个时候有知识、有技术的女人大都只能去教书,或者为保险公司做精算师。

但是,ENIAC 这个计算机有个小问题:其创造者(因为懒)没有写任何操作手册,所以具体操作全要这些女程序员自己搞定。后来嫁给 ENIAC 发明人之一、美国物理学家约翰·莫奇利的第一代程序员凯瑟琳·麦克纳蒂在 1977 年接受采访时表示,当时一开始

图 5-4　ENIAC 6 个女程序员之一的弗朗西斯·斯宾塞

有人给她们一大堆蓝图,蓝图里描绘的是 ENIAC 所有电路板的图解,然后告诉她们:"用它们你们就知道机器的原理,然后你们就知道怎么给它编程。"

但是,在通用计算机刚刚出现的时代,谁也没经历过这种事儿,所以谁也不知道,谁也不敢问。要是现在,你把计算机的电路板给程序员看,什么操作说明也没有,然后让他们根据电路板编程,他们肯定想打人。

总而言之,女程序员的编程工作是,首先把要解决的问题用机器能读懂的语言描述和翻译出来,然后把这些代码通过机器的开关输入进去。

听起来很简单,但是上手之后,这些女程序员才真的想打人。一开始,光是为 ENIAC 输入要处理的问题就要花费数天时间。听一听心直口快的 ENIAC 第一代程序员让·巴蒂克是怎么描述这个工作的吧:"ENIAC 就是一个 XX(脏话)。"为了调试程序,她们必须要到这个 27t 的胖家伙内部去看到底哪根真空管出问题了。你要是让现在的程序员拆开计算机调试程序,不打人的那都是真爱。

好在这 6 个女程序员设计了一种存储程序的方法,简化了问题输入的过程。女程序员巴蒂克说,用这种方法,"你就不需要再对机器进行设置了,你只需要调整一下开关和函数表就可以了。这样一来,对 ENIAC 进行编程的大到吓人工作量就成为过去了。"

另外,为了改善用 ENIAC 编程的效率,麦克·纳尔蒂发明了子程序,贝蒂·霍尔伯顿则发明了世界上第一个程序生成器(能产生其他程序的程序)、归并排序程序,还有断点程序(命令计算机停止,方便程序员调试的程序)。

这一切努力都没有白费。巴蒂克回忆:"ENIAC 面世的那天是我人生中最光辉灿烂的一天。ENIAC 计算弹道的速度比子弹还快,是此前任何机器运算速度的 1000 倍。"

当被问到,ENIAC 的设计者约翰·皮斯普·埃克特和莫奇利的编程能力是不是和这 6 人小队一样强时,她直接说:"他们当然比不上啦。他们当然知道 ENIAC 的工作原理,但是他们的工作并不是编程。"

现在,这批 ENIAC 女程序员中的很多人都被视为计算机编程的先锋人物。

4. "千女子力"

二战后的一段时间里,科研和企业依然需要人肉计算机。

1950年左右,意大利的传教士罗伯托·布萨神父和IBM合作,组织了一群人肉计算机,专门用来把中世纪哲学家托马斯·阿奎那的书籍翻译成打孔卡——相当于那个时代的U盘(图5-5),并对文本进行语言学和文学分析。

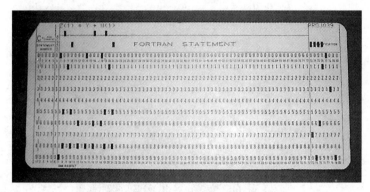

图5-5 用打孔卡编程

这个工程规模浩大。话痨阿奎那写了大概900万字的材料,因此布萨神父的人肉计算机分析进行了超过30年。这项工作后来被称为INDEX THOMISTICUS(索引托米斯),这是世界上比较早的利用(人肉)计算机进行的数字人文研究。而参与这个首批人文学科数字化工作的,也是女子人肉计算机。意大利米兰圣心天主教大学CIRCSE研究中心的研究员马可·帕萨罗蒂后来回忆,布萨神父曾和他表示,选择女孩子做人肉计算机的原因是她们比男孩子更细心。

事实上,因为那时的人肉计算机大多是女性担当,因此二战后对计算机的计算能力的描述就是用"千女子力"(kilo-girl)来表示的,就和"马力"类似。"千女子力"这个单位含义是某台计算机的计算能力等同于1000个女性。而计算时间则被称为"女子时间"(girl hours)。这种状况一直持续到20世纪60年代。

20世纪60年代初期,编程被看作是适合女孩子的工作。当时的女性时尚杂志《时尚》还曾在一篇名为"计算机女孩"(图5-6)的文章中写道,对女孩子来说,计算机编程领域提供的工作比其他领域都多。

美国计算机协会(ACM)的教育主管詹姆斯·亚当斯也曾说:"除了教书以外,我不知道还有什么工作比编程更适合女孩子。"美国海军准将及计算机科学家,世界最早一批的程序员之一格蕾丝·赫柏还曾告诉一位记者,编程"就像准备晚饭,你要提前做好规划,以备不时之需……女性'天生'适合计算机编程。"

1965年,超级计算机CDC 6600出现了。从那时候开始,人肉计算机的重要性就下降了。后来,由于计算机技术的发展,人肉计算机终于成为了过去时。

在被问到给现在的女孩子的建议时,巴蒂克说:"别听别人说你做不了什么。如果你相信你能做到,并且给自己相应的教育,你可以成就任何事。"

图 5-6 女性时尚杂志《时尚》称,编程这个工作很适合女孩子。同时刊登了 IBM 系统工程师安·理查森的照片

看完这些女子人肉计算机和女程序员先驱的故事,时代有没有进步我不知道,我只知道现在的计算能力不是用女人头做单位的,而是用秃顶的程度来描述的。以前的女程序员应该没有这种痛点吧。

资料来源:微信公众号"把科学带回家"等(有删改),2020-02-25。

阅读上文,请思考、分析并简单记录:

(1) 享年 101 岁的女数学家凯瑟琳·约翰逊是人类女性程序员的杰出代表。为什么计算机刚出现的时候,是用女性人数来衡量计算能力的(人肉计算机)?

答:_____

_____

_____

(2) 阅读文章并解释什么是"千女子力"。

答:_____

_____

_____

(3) 请通过网络搜索,了解有关"算力"的定义。从人肉计算机,到千女子力,再到算力,请思考和简单阐述计算技术的迅猛发展。

答：_____
_____
_____
_____

(4) 请简单记述你所知道的上一周内发生的国际、国内或者身边的大事。

答：_____
_____
_____
_____

5.1 职业素养的概念

职业素养，又称为职业素质（图 5-7）是劳动者对社会职业了解与适应能力的一种综合体现，也就是在从业过程中表现出来的与职业息息相关的态度行为和能力。个体行为的总和构成了自身的职业素养，职业素养是内涵，个体行为是其外在表象。职业素养是人类在社会活动中需要遵守的行为规范，是人才选用的第一标准，是职场致胜、事业成功的第一法宝。

图 5-7 培养职业素养

职业素养主要表现在职业兴趣、职业能力、职业个性及职业情况等方面。影响和制约职业素养的因素很多，主要包括受教育程度、实践经验、社会环境、工作经历以及自身的一些基本情况（如身体状况等）。一般来说，劳动者能否顺利就业并取得成就，在很大程度上取决于本人的职业素养，职业素养越高的人，获得成功的机会就越多。

素养包括先天素养和后天素养。先天素养是通过父母遗传因素而获得的素养，主要包括感觉器官、神经系统和身体其他方面的一些生理特点。

后天素养是通过环境影响和教育而获得的。因此可以说，素养是在人的先天生理基础上，受后天教育训练和社会环境的影响，通过自身认识和社会实践逐步养成的比较稳定的身心发展的基本品质。

对素养的这种理解,主要包括以下3方面。

(1) 素养是教化的结果。它是在先天素养的基础上,通过教育和社会环境影响逐步形成和发展起来的。

(2) 素养是自身努力的结果。一个人素养的高低是通过自己的努力学习、实践,获得一定知识并把它变成自觉行为的结果。

(3) 素养是一种比较稳定的身心发展的基本品质。这种品质一旦形成,就比较相对稳定。例如,一个品质好的学生,由于品质稳定,他总是能正确地对待别人,对待自己。

5.2 职业素养的内涵与特征

除了专业,敬业和道德是一个人所必备的,体现到职场上的就是职业素养,体现在生活中的就是个人素养或者道德修养。职业素养包括以下几方面。

(1) 职业道德。指同人们的职业活动紧密联系的符合职业特点所要求的道德准则、道德情操与道德品质的总和。它既是对本职人员在职业活动中的行为标准和要求,同时又是职业对社会所负的道德责任与义务。

(2) 职业思想(意识)。指从业者在其职业实践和职业生活中所表现的一贯态度。职业意识,是作为职业人所具有的意识,也叫主人翁精神。具体表现为工作积极认真,有责任感,具有基本的职业道德(图5-8)。

图5-8 职业操守

(3) 职业行为习惯。职业素养是在职场上通过长时间地学习、改变而最后形成的。职业行为是指人们对职业劳动的认识、评价、情感和态度等心理过程的行为反映,是职业目的达成的基础。从形成意义上说,它是由人与职业环境、职业要求的相互关系决定的。职业行为包括职业创新行为、职业竞争行为、职业协作行为和职业奉献行为等方面。

(4) 职业技能。这是做好一个职业应该具备的专业知识和能力。职业技能是指在职业分类基础上,根据职业的活动内容,对从业人员工作能力水平的规范性要求。它是从业人员从事职业活动,接受职业教育培训和职业技能鉴定的主要依据,也是衡量劳动者从业资格和能力的重要尺度。

前三项是职业素养中最根基的部分,属于世界观、价值观、人生观范畴,从出生到退休或至死亡逐步形成,逐渐完善。而职业技能是支撑职业人生的表象内容,是通过学习、培训而获得的。例如,计算机、英语、建筑等属职业技能范畴的技能,可以通过学习掌握入门技术,在实践运用中日渐成熟而成专家。可企业更认同的道理是,如果一个人基本的职业素养不够,比如忠诚度不够,那么技能越高的人,其隐含的危险越大。当然,做好自己最本职的工作,也就是具备了最好的职业素养。

所以,用大树理论来描述两者的关系比较直接。每个人都是一棵树,原本都可以成为大树,而根系就是一个人的职业素养。枝、干、叶、型就是其显现出来的职业素养的表象。要想枝繁叶茂,首先必须根系发达。

5.2.1 职业素养的基本特征

一般来说,职业素养的特征主要包括其职业性、稳定性、内在性、整体性和发展性。

(1) 职业素养的职业性。不同的职业,职业素养是不同的。对建筑工人的素养要求,不同于对护士职业的素养要求;对商业服务人员的素养要求,不同于对教师职业的素养要求。李素丽的职业素养始终是和她作为一名优秀的售票员联系在一起的,正如她自己所说:"如果我能把十米车厢、三尺票台当成为人民服务的岗位,实实在在去为社会作贡献,就能在服务中融入真情,为社会增添一份美好。即便有时自己有点烦心事,只要一上车,一见到乘客,就不烦了。"

(2) 职业素养的稳定性。一个人的职业素养是在长期的执业时间中日积月累形成的。一旦形成,便具有相对的稳定性。例如,一位教师经过三年五载的教学生涯,就逐渐形成了怎样备课、怎样讲课、怎样热爱自己的学生、怎样为人师表等一系列教师职业素养,于是,便保持相对的稳定性。当然,随着他继续学习、工作和环境的影响,这种素养还可以继续提高。

(3) 职业素养的内在性。从业人员在长期的职业活动中,经过自己的学习、认识和亲身体验,觉得怎样做是对的,怎样做是不对的。这样,有意识地内化、积淀和升华的这一心理品质,就是职业素养的内在性。人们常说,"把这件事交给小张师傅去做,有把握,请放心。"人们之所以放心他,就是因为他的内在素养好。

(4) 职业素养的整体性。一个从业人员的职业素养和他的整体素养有关。人们说某某人职业素养好,不仅指他的思想政治素养、职业道德素养好,还包括他的科学文化素养、专业技能素养好,甚至还包括身体、心理素养好。一个从业人员,虽然思想道德素养好,但科学文化素养、专业技能素养差,就不能说这个人整体素养好;相反,一个从业人员科学文化素养、专业技能素养都不错,但思想道德素养比较差,同样,也不能说这个人整体素养好。所以,职业素养一个很重要的特点就是整体性。

(5) 职业素养的发展性。一个人的素养是通过教育、自身社会实践和社会影响逐步形成的,具有相对性和稳定性。但是,随着社会发展对人们不断提出的要求,人们为了更好地适应、满足、促进社会的发展需要,总是不断地提高自己的素养,所以,素养具有发展性。

5.2.2 职业素养的三个核心

职业素养的三个核心如下。

(1)职业信念。"职业信念"应该包涵良好的职业道德、正面积极的职业心态和正确的职业价值观意识,是一个成功职业人必须具备的核心素养。良好的职业信念应该由爱岗、敬业、忠诚、奉献、正面、乐观、用心、开放、合作及始终如一等这些关键词组成。

(2)职业知识技能。这是做好一个职业应该具备的专业知识和能力。俗话说,"三百六十行,行行出状元",没有过硬的专业知识,没有精湛的职业技能,就无法把一件事情做好,就更不可能成为"状元"了。

要把一件事情做好,就必须坚持不断地关注行业的发展动态及未来的趋势走向;就要有良好的沟通协调能力(图5-9),懂得上传下达、左右协调,从而做到事半功倍;就要有高效的执行力。研究发现:一个企业的成功,30%靠战略,60%靠企业各层的执行力,只有10%的其他因素。中国人在世界上都是出了名的"聪明而有智慧",中国人不缺少战略家,缺少的是执行者!执行能力也是每个成功职场人必须修炼的一种基本职业技能。还有很多需要修炼的基本技能,如职场礼仪、时间管理及情绪管控等。

图 5-9　沟通协调能力

各个职业有各个职业的知识技能,每个行业还有每个行业知识技能。总之,学习提升职业知识技能是为了让我们把事情做得更好。

(3)职业行为习惯。信念可以调整,技能可以提升。要让正确的信念、良好的技能发挥作用,就需要不断地练习、练习、再练习,直到成为习惯。职业素养就是在职场上通过长时间地学习—改变—形成而最后变成习惯的一种职场综合素养。

5.2.3　职业素养的分类

职业素养具体有以下分类。

(1)身体素养:指体质和健康(主要指生理)方面的素养。

(2)心理素养:指认知,感知,记忆,想象,情感,意志,态度,个性特征(兴趣、能力、气质、性格、习惯)等方面的素养。拓展训练以提高心理素养,很多知名企业都通过拓展训练提高员工的心理素养以及团队信任关系。

(3)政治素养:指政治立场、政治观点、政治信念与信仰等方面的素养。

(4)思想素养:指思想认识、思想觉悟、思想方法、价值观念等方面的素养。思想素养受客观环境等因素影响,例如家庭、社会、环境等。

(5) 道德素养:指道德认识、道德情感、道德意志、道德行为、道德修养、组织纪律观念方面的素养。

(6) 科技文化素养:指科学知识、技术知识、文化知识、文化修养方面的素养。

(7) 审美素养:指美感、审美意识、审美观、审美情趣、审美能力方面的素养。

(8) 专业素养:指专业知识、专业理论、专业技能、必要的组织管理能力等。

(9) 社会交往和适应素养:主要是语言表达能力、社交活动能力、社会适应能力等。社交适应是后天培养的个人能力,职业素养的另一个核心之一,侧面反映了个人能力。

(10) 学习和创新方面的素养:主要是学习能力、信息能力、创新意识、创新精神、创新能力、创业意识与创业能力等。学习和创新是个人价值的另一种形式,能体现个人的发展潜力以及对企业的价值。

5.3 职业素养的提升

选择与决策,是人在现实社会生存的基本技能。做出明智的选择关乎每个人的成长,与其生活息息相关。人们的每一个决定,影响、左右了个人的职业生涯发展和生活质量。在人的一生中,需要花费无数的时间与精力来选择或做出决定,小到选乘公交车,大到求学、择业,还有恋爱与婚姻……的确,成功与幸福很大程度上取决于我们在"十字路口"上的某个决定。

此外,另一项生存技能就是职业适应与自我塑造。法国哲学家狄德罗曾说过:知道事物应该是什么样,说明你是聪明人;知道事物实际是什么样,说明你是有经验的人;知道如何使事物变得更好,说明你是有才能的人。显然,要想获得职业上的成功,首先是学会适应职业环境,就像大自然中的千年动物,能够随着自然环境的变化而调整、改变自己,避免成为"娇贵"的恐龙!

5.3.1 关于新人的蘑菇效应

所谓效应,是指在有限环境下,一些因素和一些结果而构成的一种因果现象,多用于对自然现象和社会现象的描述。效应一词使用的范围较广,并不一定指严格的科学定理、定律中的因果关系。例如,温室效应、蝴蝶效应、毛毛虫效应、音叉效应、木桶效应、完形崩溃效应等。

社会效应,是指在我们日常生活中比较常见的现象与规律,是某一个人或事物的行为或作用,引起其他人物或事情产生相应变化的因果反应或连锁反应,即对社会产生的效果、反映和影响。

蘑菇管理(图5-10)是许多组织对待初出茅庐者的一种管理方法,初学者被置于阴暗的角落(不受重视的部门,或打杂跑腿的工作),浇上一头大粪(无端的批评、指责、代人受过),任其自生自灭(得不到必要的指导和提携)。相信很多人都有过这样一段"蘑菇"的经历,这不一定是什么坏事,尤其是当一切刚刚开始的时候,当几天"蘑菇",能够消除我们很多不切实际的幻想,让我们更加接近现实,看问题也更加实际。

图 5-10 蘑菇管理

一个组织,一般对新进的人员都是一视同仁,从起薪到工作都不会有大的差别。无论你是多么优秀的人才,刚开始的时候,都只能从最简单的事情做起,"蘑菇"的经历,对于成长中的年轻人来说,像蚕茧,是羽化前必须经历的一步。所以,如何高效率地走过生命的这一段,从中尽可能汲取经验,成熟起来,并树立良好的值得信赖的个人形象,是每个刚步入社会的年轻人必须面对的课题。

一般而言,踏入职场的最初3年,是新人适应社会的阶段。主要任务是弄懂、搞清职场的游戏规则,接受他人有关如何最好地完成工作的智慧与指导,承受对新生活想象和实际情况有落差的现实,克服某些方面比别人差的不安,等等。

随着市场竞争的加剧,企业倒闭、转业、兼并的可能性越来越大;受其影响,职业的供给数量、市场价格也在不断变化。另外,因择业者的才能、素养水平存在差异,以及求职预期与现实社会的矛盾,择业者要想得到一份满意、适合自己的职业变得越来越困难。因此,建议职场新人能不断调整自己的求职预期与职业定位,提高自己在职业社会中的生存与发展能力。

5.3.2 显性素养——专业知识与技能

大家可以看到,职场的显性素养——"专业性"是露出海平面的一小部分,是冰山的一角,但也是尤为重要的部分。

为了显性素养"专业性"的提升,应该考虑以下几方面。

(1) 从经济和效率角度来看,要重视专业学习。

在职场中,用人单位永远都是站在现实的角度上来考虑最需要的人才是训练有素的专业人才,这是用人单位的一种考量。在做这种考量的时候,要提醒自己做好准备,学好自己的专业知识,学好自己的技术,要把自己所学的东西运用到实际中。

如何发挥自己的优势?那必须要有一技之长,才能在社会中立足,立于不败之地。

(2) 通过辅修或技能资质证书拓宽职业技能。

所谓技多不压身,有时候可能所学的一门专业或一门技术并不能跟上时代的潮流,这时候不妨多学一些技术,多掌握一点技能,也可以让人们多一些选择的余地。

但也要量力而行,根据自己的具体情况来考量。很多用人单位会要求有相关工作经验的群体优先,年轻群体还没有工作,哪来的经验呢?但可以有实习经验、社会实践经验等。如果还没有这样的经验,也要实话实说,不要作虚假信息,这也关乎诚信、职业素养的问题,一定要慎重。

5.3.3 隐性素养——职业意识与道德

在职场海平面以下的都是隐性素养(图5-11),它是内隐的,可能为你所忽略,但它却是显性素养的根基。

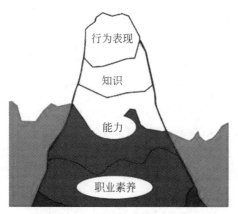

图 5-11　隐性素养的提升

(1) 在职场获得成功的基本品德要素中,最被看重的前5个指标是:
- 专业知识与技艺。
- 敬业精神。
- 学习意愿强、可塑性高。
- 沟通协调能力。
- 基本的解决问题能力。

而研究认为,现实中最欠缺的前5个指标是:
- 敬业精神。
- 基本的解决问题的能力。
- 承受压力、克服困难的能力。
- 相关工作或实习经验。
- 沟通协调能力。

职业道德是一种在求职过程以及工作过程中被放大的个人习惯,需要平时修炼。要做到讲诚信、肯负责和易合作。在与他人相处的过程中,要做一个诚信、富有责任心、懂得与他人合作的人,养成自己的良好习惯,投射到工作当中,会给自己无形之中加分。因为一个道德品质高尚的人会更受到用人单位的欢迎,会对他的工作认真负责,也会有更多的机会(图5-12)。

(2) 职业意识是关于未来职业的定位与规划的想法。职业定位要厘清3个问题。

① 我想做什么?

职业兴趣是一个人积极探索某种事物的倾向性,是引起和维持注意的一个重要的内

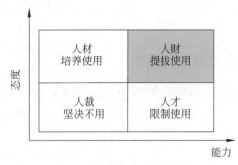

图 5-12 态度与能力矩阵

部因素。一旦找到自己真正喜爱的领域,往往会奋不顾身地投入。

在生活中经常看到一个人在工作的时候忙得昏天黑地、废寝忘食,他可能并不觉得辛苦,因为这是他所钟爱的,也就是所谓的乐此不疲。

由此可以看到兴趣对一个人的职业发展是有影响的。就算在工作中遇到困难,也会无怨无悔,会对克服困难充满更大的信心,职业的稳定性也会显得更强,人也会走得更远。

② 我能做什么?

职业价值观是指主体按照客观事物的意义或重要性进行评价和选择的原则和标准。12 种体现不同价值观的工作环境是:

- 较舒适、轻松、自由的工作条件和环境。
- 追求美,得到美感享受。
- 不断创新取得成就,得到领导和同事赞扬。
- 工作经常变换,工作和生活显得丰富多彩。
- 独立,按自己方式、想法去做,不受人干扰。
- 工作体面,使自己得到他人的重视尊敬。
- 有一个安稳局面,不会经常提心吊胆、心烦意乱。
- 获得管理权,能指挥和调遣一定范围的人或事物。
- 能和各种人甚至名人交往,建立比较广泛的社会联系。
- 获得优厚报酬,使生活过得较为富足。
- 为大众的幸福和利益尽力。
- 同事和领导人品好,相处愉快、自然。

你在职场当中把挣钱最多放在第一位吗?还是把工作环境好、同事友善放在第一位?还是更有发展空间放在第一位?什么对于你来说最重要?你自己清楚吗?在你心目当中有一个答案吗?

你要让自己有一个比较确定的价值排序,搞清自己的价值观,并且能够做出价值当中的取舍,这对选择工作也是十分重要的。

职业能力指顺利完成某一活动所必需的心理特征。能力具有天赋性,也有后天因素影响。从统计学的角度说,十全十美或一无是处的人都很少。

在择业的时候要选择扬优,要看自己的长处。有句话叫"人贵有自知之明",经常反思,找自己的短板,但是要自知其短,更要自知其长,才能让对人生、对工作充满信心。

③ 环境能给予我什么?

在明确自己想干、能干的专业领域和事业方向的同时,还应兼顾考虑社会的需求和未来发展前景等外在因素,这是选择是否成功的基本保证(图5-13)。

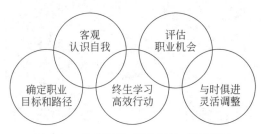

图5-13 择己所爱,择己所长,择世所需

在考虑择业时,要考虑到社会环境、国际政策的变化,人才的需求,甚至包括家庭、人脉能给我们提供哪些资源。

职业意识是一个不断深化的过程。未必现在就能做出正确决定,但一定要能在不断的探索领悟中学会该怎样做决定。如果拥有良好的职业素养,那么工作就多了一些乐趣。

5.4 培养职业素养

职业素养是一个人职业生涯成败的关键因素。职业素养量化而成"职商"(Career Quotient,CQ),也可以说一生成败看职商。

一个人的能力和专业知识固然重要,但是,在职场要成功,最关键的还在于他所具有的职业素养。缺少这些关键的素养,一个人将一生庸庸碌碌,而拥有这些素养,会少走弯路,快速走向成功。

在现实社会中,一些企业之所以招不到满意人选,其实是由于找不到具备良好职业素养的人才。企业已经把职业素养作为对人进行评价的重要指标,要综合考察人选的5方面:专业素养、职业素养、协作能力、心理素养和身体素养。其中,身体素养是最基本的,好身体是工作的物质基础;职业素养、协作能力和心理素养是最重要和必需的,而专业素养则属于锦上添花的。职业素养可以通过个体在工作中的行为来表现,而这些行为以个体的知识、技能、价值观、态度、意志等为基础。良好的职业素养是企业必需的,是个人事业成功的基础,是人才进入企业的"金钥匙"。

5.4.1 职业素养的"冰山"理论

职业素养的"冰山"理论认为,个体的素养就像水中漂浮的一座冰山,水上部分的知识、技能仅仅代表表层的特征,不能区分绩效优劣;水下部分的动机、特质、态度、责任心才是决定人的行为的关键因素,可以鉴别绩效优秀者和一般者(图5-14)。

职业素养也可以看成一座冰山:冰山浮在水面以上的只有1/8,它代表从业者的形象、资质、知识、职业行为和职业技能等方面,是人们看得见的、显性的职业素养,这些可以

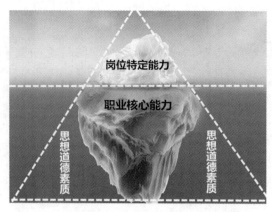

图 5-14　素养冰山

通过各种学历证书、职业证书来证明，或者通过专业考试来验证。而冰山隐藏在水面以下的部分占整体的 7/8，它代表从业者的职业意识、职业道德、职业作风和职业态度等方面，是人们看不见的、隐性的职业素养。显性职业素养和隐性职业素养共同构成了所应具备的全部职业素养。由此可见，大部分的职业素养是人们看不见的，但正是这 7/8 的隐性职业素养决定、支撑着外在的显性职业素养，显性职业素养是隐性职业素养的外在表现。因此，职业素养的培养应该着眼于整座"冰山"，并以培养显性职业素养为基础，重点培养隐性职业素养。当然，这个培养过程不是学校、学生、企业哪一方能够单独完成的，而应该由三方共同协作，实现"三方共赢"。

5.4.2　职场必备的职业素养

职场员工必备的职业素养如下。

（1）像老板一样专注。作为一个一流的员工，不要只是停留在"为了工作而工作、单纯为了赚钱而工作"等层面上。而应该站在老板的立场上，用老板的标准来要求自己，像老板那样去专注工作，以实现自己的职场梦想与远大抱负。以老板的心态对待工作，做企业的主人，在第一时间维护企业的形象。

（2）学会迅速适应环境。在就业形势越来越严峻、竞争越来越激烈的当今社会，不能够迅速去适应环境已经成了个人素养中的一块短板，也是无法顺利工作的一种表现；相反，善于适应环境却是一种能力的象征，具备这种能力的人，手中也握有了一个可以纵横职场的筹码。

善于适应是一种能力，要成为职场中的"变色龙"，而不适应者将被淘汰出局。适应有时不啻一场严峻的考验。

（3）化工作压力为动力。压力，是工作中的一种常态，对待压力，不可回避，要以积极的态度去疏导、去化解，并将压力转化为自己前进的动力。人们最出色的工作往往是在高压的情况下做出的，思想上的压力，甚至肉体上的痛苦都可能成为取得巨大成就的兴奋剂。

（4）表现自己。在职场中，默默无闻是一种缺乏竞争力的表现，而那些善于表现自己的员工却能够获得更多的自我展示机会。那些善于表现自己的员工是最具竞争力的员工,他们往往能够迅速脱颖而出。

善于表现而非刻意表现,这样的人才具有职场竞争力,要善于把握能够表现自己的机会。

(5) 低调做人,高调做事。工作中,学会低调做人能赢得好人缘,你将一次比一次稳健;善于高调做事,你将一次比一次优秀。在"低调做人"中修炼自己,在"高调做事"中展示自己,这种恰到好处的低调与高调,可以说是一种进可攻、退可守,看似平淡、实则高深的处世谋略。

(6) 设立工作目标,按计划执行。在工作中,首先应该明确地了解自己想要什么,然后再去致力追求。一个人如果没有明确的目标,就像船没有罗盘一样。每一份富有成效的工作,都需要明确的目标去指引。缺乏明确目标的人,其工作必将庸庸碌碌。坚定而明确的目标是专注工作的一个重要原则。

目标是一道分水岭,工作前先把目标设定好,确立有效的工作目标。但目标多了等于没有目标。

(7) 做一个时间管理高手。时间对每一个职场人士都是公平的,每个人都拥有相同的时间,但是在同样的时间内,有人表现平平,有人则取得了卓著的工作业绩,造成这种反差的根源在于每个人对时间的管理与使用效率上是存在巨大差别的。因此,要想在职场中具备不凡的竞争能力,应该先将自己培养成一个时间管理高手。

(8) 自发、主动就是提高效率。自发主动的员工善于随时把握机会,永远保持率先主动的精神,并展现超乎他人要求的工作表现,他们头脑中时刻灌输着"主动就是效率,主动、主动、再主动"的工作理念,同时他们也拥有"为了完成任务,能够打破一切常规"的魄力与判断力。显然,这类员工才能在职场中笑到最后。

例如,不要只做老板交代的事,在工作中没有"分外事",不是"要我做",而是"我要做",想做"毛遂"就得自荐。

(9) 服从第一。服从上级的指令是员工的天职。"无条件服从"是沃尔玛集团要求每一位员工都必须奉行的行为准则。强化员工对上司指派的任务都必须无条件地服从。在企业组织中,没有服从就没有一切,所谓的创造性、主观能动性等都在服从的基础上才能够产生。否则公司再好的构想也无从得以推广。那些懂得无条件服从的员工,才能得到企业的认可与重用。

要像士兵那样去服从,不可擅自歪曲更改上级的决定,多从上级的角度考虑问题。

(10) 勇于承担责任。工作就是一种责任,企业青睐具备强烈责任心的员工。德国大众汽车公司认为:"没有人能够想当然地'保有'一份好工作,而要靠自己的责任感去争取一份好工作!"世界上也许没有哪个民族比得上德国人更有责任感,而他们的企业首先强调的还是责任,他们认为没有比员工的责任心所产生的力量更能使企业具有竞争力的了。显然,那些具有强烈责任感的员工才能在职场中具备更强的竞争力!

5.4.3 职业素养的自我培养

作为职业素养培养主体的大学生,在学习期间应该学会自我培养。

首先,要培养职业意识。雷恩·吉尔森说:"一个人花在影响自己未来命运的工作选择上的精力,竟比花在购买穿了一年就会扔掉的衣服上的心思要少得多,这是一件多么奇怪的事情,尤其是当他未来的幸福和富足要全部依赖于这份工作时。"

很多高中毕业生在跨进大学校门之时就认为已经完成了学习任务,可以在大学里尽情地"享受"了。这正是他们在就业时感到压力的根源。清华大学的樊富珉教授认为,中国有69%~80%的大学生对未来职业没有规划,就业时容易感到压力。中国社会调查所最近完成的一项在校大学生心理健康状况调查显示,75%的大学生认为压力主要来源于社会就业。50%的大学生对于自己毕业后的发展前途感到迷茫,没有目标;41.7%的大学生表示目前没考虑太多;只有8.3%的人对自己的未来有明确的目标并且充满信心。培养职业意识就是要对自己的未来有规划。因此,大学期间,每个大学生应明确我是一个什么样的人,我将来想做什么,我能做什么,环境能支持我做什么。着重解决一个问题,就是认识自己的个性特征,包括自己的气质、性格和能力,以及自己的个性倾向,包括兴趣、动机、需要、价值观等。据此来确定自己的个性是否与理想的职业相符;对自己的优势和不足有一个比较客观的认识,结合环境,如市场需要、社会资源等确定自己的发展方向和行业选择范围,明确职业发展目标。

其次,配合学校的培养任务,完成知识、技能等显性职业素养的培养。职业行为和职业技能等显性职业素养比较容易通过教育和培训获得。学校的教学及各专业的培养方案是针对社会需要和专业需要所制订的,旨在使学生获得系统化的基础知识及专业知识,加强学生对专业的认知和知识的运用,并使学生获得学习能力,培养学习习惯。因此,大学生应该积极配合学校的培养计划认真完成学习任务,尽可能利用学校的教育资源,包括教师、图书馆等获得知识和技能,作为将来职业需要的储备。

再次,有意识地培养职业道德、职业态度、职业作风等方面的隐性素养。隐性职业素养是大学生职业素养的核心内容。核心职业素养体现在很多方面,如独立性、责任心、敬业精神、团队意识、职业操守等。事实表明,很多大学生在这些方面存在不足。有调查发现,缺乏独立性、会抢风头、不愿下基层吃苦等表现容易断送大学生的前程。喜欢抢风头的人被认为没有团队合作精神,用人单位也不喜欢。因此,大学生应该有意识地在学校的学习和生活中主动培养独立性、学会分享、感恩、勇于承担责任,不要把错误和责任都归咎于他人。自己摔倒了不能怪路不好,要先检讨自己,承认自己的错误和不足。

大学生职业素养的自我培养应该加强自我修养,在思想、情操、意志、体魄等方面进行自我锻炼。同时,还要培养良好的心理素养,增强应对压力和挫折的能力,善于从逆境中寻找转机。

5.4.4 职业素养的教育对策

为了培养大学生的职业素养,高校将大学生职业素养的培养纳入大学生培养的系统工程,使高中毕业生在进入大学校门的那一天起,就明白高校与社会的关系、学习与职业的关系、自己与职业的关系。全面培养大学生的显性职业素养和隐性职业素养,并把隐性职业素养的培养作为重点。

大学生职业素养的培养不能仅仅依靠学校和学生本身,社会资源的支持也很重要。

很多企业都想把毕业生直接投入"使用",但是却发现很困难。企业界也逐渐认识到,要想获得较好职业素养的大学毕业生,企业也应该参与到大学生的培养中,可以通过以下方式进行。

(1) 企业与学校联合培养大学生,提供实习基地以及科研实验基地。

(2) 企业家、专业人士走进高校,直接提供实践知识、宣传企业文化。

(3) 完善社会培训机制,并走入高校,对大学生进行专业的入职培训以及职业素养拓展训练等。

总之,职业素养的培养是目前高等教育的重要任务之一,而这一任务的进行,需要大学生、高校及社会三方面的协同配合才能有效。

作 业

1. 职业素养是劳动者对社会职业了解与适应能力的一种综合体现,主要表现在(　　)。
   ① 职业兴趣　　　　　　　　② 职业能力
   ③ 职业个性及职业情况　　　④ 职业薪资
   A. ②③④　　　B. ①②④　　　C. ①③④　　　D. ①②③

2. 影响和制约职业素养的因素包括(　　)、工作经历以及自身的一些基本情况(如身体状况等)。
   ① 受教育程度　　② 实践经验　　③ 智商等级　　④ 社会环境
   A. ①②③　　　B. ①②④　　　C. ②③④　　　D. ①③④

3. 素养包括(　　)和后天素养。后天素养是通过环境影响和教育而获得的。
   A. 先天素养　　B. 继承素养　　C. 谈吐情商　　D. 素质能力

4. 对素养的理解主要包括3方面,但不包括(　　)。
   A. 素养是教化的结果。它是在先天素养的基础上,通过教育和社会环境影响逐步形成和发展起来的
   B. 素养是自身努力的结果。一个人素养的高低,是通过自己的努力学习、实践,获得一定知识并把它变成自觉行为的结果
   C. 素养只能通过遗传获得,主要包括感觉器官、神经系统和身体其他方面的一些生理特点
   D. 素养是一种比较稳定的身心发展的基本品质。这种品质一旦形成,就相对稳定

5. 职业素养包括职业道德、(　　)等几方面。
   ① 从业年限　　② 职业意识　　③ 职业行为　　④ 职业技能
   A. ①②③　　　B. ②③④　　　C. ①②④　　　D. ①③④

6. 职业素养的基本特征主要包括其职业性、(　　)和发展性。
   ① 稳定性　　② 内在性　　③ 整体性　　④ 开放性
   A. ②③④　　　B. ①②④　　　C. ①③④　　　D. ①②③

7. (　　)不属于职业素养的三个核心之一。
   A. 职业信念　　B. 职业标识　　C. 职业知识技能　　D. 职业行为习惯

8. 职业素养的具体内容有很多,但(　　)不属于其中。
　　A. 团队素养　　　B. 身体素养　　　C. 心理素养　　　D. 政治素养

9. 所谓效应,是指在有限环境下,一些因素和一些结果而构成的一种(　　)现象,多用于对一种自然现象和社会现象的描述。
　　A. 正负　　　　　B. 积极　　　　　C. 因果　　　　　D. 消极

10. "专业性"是职场的显性素养。提升显性素养的途径是(　　)。
　　① 重视专业知识与技能　　　② 重视专业学习
　　③ 拓宽职业技能　　　　　　④ 提高装备水平
　　A. ②③④　　　B. ①②④　　　C. ①③④　　　D. ①②③

11. 从业者的职业意识与道德是职场的隐性素养。研究表明,当前职场最缺乏的隐性素养指标是(　　)。
　　A. 实习经验　　　B. 敬业精神　　　C. 工作经验　　　D. 学习意愿

12. 职业素养的"冰山"理论认为,个体的素养就像水中漂浮的一座冰山,水上部分与水下部分相比,(　　)。
　　A. 水下部分占 7/8　　　　　　B. 水上、水下一样重要
　　C. 水上部分更重要　　　　　　D. 水上部分占 1/3

13. 在职场员工必备的职业素养中,(　　),是说作为一个一流的员工,不要只是"为了工作而工作、为了赚钱而工作",要站在老板的立场上,做企业的主人,在第一时间维护企业形象。
　　A. 善于表现自己　　　　　　　B. 迅速适应环境
　　C. 像老板一样专注　　　　　　D. 化压力为动力

14. 在职场员工必备的职业素养中,(　　),是说在当今社会,要能够迅速适应环境,把握可以纵横职场的筹码。
　　A. 善于表现自己　　　　　　　B. 迅速适应环境
　　C. 像老板一样专注　　　　　　D. 化压力为动力

15. 在职场员工必备的职业素养中,(　　),是说在工作中学会稳健,做事优秀,修炼自身,是一种进可攻、退可守,看似平淡、实则高深的处世谋略。
　　A. 勇于承担责任　　　　　　　B. 按计划完成目标
　　C. 低调做人,高调做事　　　　D. 做时间管理高手

16. 在职场员工必备的职业素养中,(　　),是说在工作中,首先应该明确目标,然后再去致力追求。坚定而明确的目标是专注工作的一个重要原则。
　　A. 勇于承担责任　　　　　　　B. 按计划完成目标
　　C. 低调做人,高调做事　　　　D. 做时间管理高手

17. 在职场员工必备的职业素养中,(　　),是说时间对每一个职场人士都是公平的,但各人对时间的管理与使用效率上是存在着巨大差别的,应该培养自己管理时间的能力。
　　A. 善于承担责任　　　　　　　B. 按计划完成目标
　　C. 低调做人,高调做事　　　　D. 做时间管理高手

18. 在职场员工必备的职业素养中,（　　）,是说企业青睐具备强烈责任心的员工,具有强烈责任感的员工才能在职场中具备更强的竞争力。

　　A. 勇于承担责任　　　　　　B. 按计划完成目标
　　C. 低调做人,高调做事　　　D. 做时间管理高手

19. 大学生应该加强自我修养,在思想、情操、意志、体魄等方面进行自我锻炼。同时,还要培养良好的（　　）,增强应对压力和挫折的能力,善于从逆境中寻找转机。

　　A. 心理素养　　B. 踏实勤恳　　C. 诚实可靠　　D. 善良和气

20. 除了学校和学生自身的努力,在大学生职业素养的培养中,（　　）的支持也很重要。

　　A. 家庭环境　　B. 自我修养　　C. 社会资源　　D. 冥思苦想

【研究性学习】 职业素养的后天素养及其培养途径

小组活动:熟悉本章课文介绍的诸多概念,讨论:

(1) 通过课文阅读和网络搜索,熟悉职业素养的概念与内涵。

(2) 熟悉职业素养中的后天素养,探索其有效的培养和提升的途径。

记录:请记录小组讨论的主要观点,推选代表在课堂上简单阐述你们的观点。

评分规则:若小组汇报得5分,则小组汇报代表得5分,其余同学得4分,其余类推。

_____
_____
_____
_____

实验评价(教师)
_____
_____

工匠精神与工程教育

【导读案例】 "现代版爱迪生"迪恩·卡门

他一生靠 400 多项发明拯救地球上 10 亿人的生命,和乔布斯、比尔·盖茨一同跻身"全球十大辍学富翁"行列,但低调的他却鲜有人知。他被联合国授予至高荣誉,被李嘉诚称为"唯一偶像"。身价超过 30 亿的他终身未婚,晚年买下一座小岛过起隐居生活,俨然一个世外高人。他就是被称为"工匠精神第一人","现代版爱迪生"的迪恩·卡门(图 6-1)。问世间是否此山最高,迪恩·卡门乘风破浪的一生,让人们看到了人类智慧与精神的真正高度!

图 6-1 "现代版爱迪生"迪恩·卡门

1. 从名校辍学拯救无数婴儿

1951 年,迪恩出生在纽约的一个普通家庭,父亲是插画师,母亲是教师。5 岁的迪恩最钟爱的玩具却是一堆电子零件。当他无师自通地把一堆零件鼓捣进调光器时,一盏灯光与声波同步的音乐灯诞生了。音乐被看见,灯光被听见,迪恩的处女作便是这样一个艺术感十足的发明。

转眼到了 16 岁,迪恩在一家天文馆做暑期兼职。迪恩从小对灯光敏感,天文馆老旧的灯光系统自然不入他的法眼。童年就做出音乐灯的迪恩决定自己发明一套自动感应灯光系统。结果,设计实验时,"砰"的一声,迪恩的电路板发生爆炸,爆炸声还惊动了馆长。

因为这次意外事故,馆长开始留意这个有想法的年轻人。

终于,几经尝试后,迪恩邀请馆长前来观看他制作的灯光系统。场面只能用惊艳形容。如同迪恩童年的那盏音乐灯,天文馆改进后的灯光系统兼具美感和实用性。惊吓过后又惊喜的馆长不仅同意用迪恩的发明取代旧灯光系统,还为迪恩引荐其他博物馆灯光改造的生意,并支付给了迪恩1万美元的报酬。就这样,迪恩的第一桶金,瞬间超过了父母工资的总和。

不出意外,迪恩把他肉眼可见的天赋带到了伍斯特理工学院(图6-2),这是全美数一数二的理工院校。

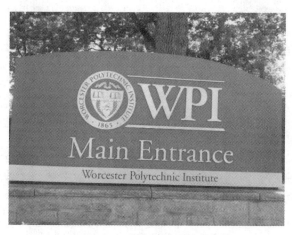

图6-2　伍斯特理工学院

可是让人意想不到的是,迪恩刚读到大二,就做出了一个惊人的决定:辍学,而他辍学的原因来源于学医弟弟的一则求助。当时,在哈佛医学院学习的弟弟问迪恩:对婴儿的用药剂量如何能做到精准?迪恩知道,这是一个事关无数婴儿性命的大事。为了攻克这一难题,迪恩毅然决定中途辍学成立公司。

这种高精尖的技术问题,教授们都束手无策,靠一个辍学的大学生能解决吗?结果,迪恩的发明一经问世,便震惊了医学界。经过不懈的研究,迪恩研发出的微处理器做到了对婴儿用药剂量的精确控制!无数婴儿的生命因此得以拯救。

在迪恩一生中的400多项发明中,有200多项是医学发明。这些发明,和人的生命直接相关。这不是偶然,发明背后跳动着的是一颗有温度的心。迪恩·卡门(图6-3)不仅是一个能工巧匠,他更有着一份悲天悯人的情怀。

2. 无所不能的义肢让人重获新"手"

这份情怀,让迪恩·卡门在发明之路上表现得特别"不商业",甚至还拒绝过乔布斯高达4亿人民币的投资。早在2000年时,迪恩·卡门发明的赛格威平衡车(图6-4)一经问世,便引起了包括比尔·盖茨、贝佐斯和乔布斯等一众大佬的注意。这是一个极可能颠覆未来人类出行方式的天才发明。

图 6-3　迪恩·卡门　　　　　　　图 6-4　迪恩·卡门发明的赛格威平衡车

多年之后,平衡车风靡全球,甚至因在田径场直接掀翻博尔特而成功"出圈"。但在当年,当乔布斯提出要花 4 亿人民币投资赛格威平衡车项目时,却被迪恩婉拒了,因为他认为这不是他最棒的发明。

对金钱和财富,迪恩定力十足。迪恩接下来的发明确实让人看到了他内心真正的追求。这个发明,不仅科幻感十足,而且切实改变了无数人的余生。

当迪恩·卡门因发明名声大噪时,有一位军医向他抱怨:"在科技如此发达的今天,如果有人失去了一只手臂,为什么我们能给他的还只是一只带钩子的塑料棍呢?"迪恩被要求做出能让人轻松拿起葡萄干放进嘴里,而且要轻便得适合 50% 女性使用的义肢。一开始,迪恩觉得这简直是在开玩笑。他对军医说:你们疯了。但军医对迪恩说:迪恩,你能想象 24 个孩子都已经失去双臂的情形吗?听完这话,迪恩动心了。当晚回家后,他一夜未眠,脑海里全在想象一个人要是没有肩膀要怎么翻身。即使白天的工作非常繁重,迪恩仍旧决定:这件事我非做不可!

于是,迪恩找来公司最顶尖的人员组成研发团队,不惜时间精力以及巨资的投入,誓要发明出一只"上帝之手"。经过一年的超负荷工作,迪恩发明的义肢(图 6-5)问世了。

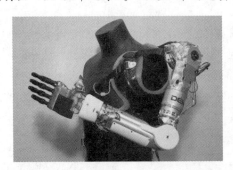 

图 6-5　迪恩·卡门发明的义肢

当试用者查克装上义肢后,他迎来了新生。查克用义肢或将葡萄放进嘴里,或挥起拳头,全都使用自如(图 6-6)。

喜出望外的不只是查克。查克的妻子用颤抖的声音对迪恩说:"查克 19 年没有自己喂过自己了,你现在要么让我们把手臂带回去,要么你把查克带回去。"迪恩回头一看,查克的妻子眼中早已泛起泪花,是感动,也是喜悦。迪恩长舒了一口气。

图 6-6　迪恩·卡门发明的义肢抓葡萄

给人带去新生的迪恩却说：他并没有给这些试用者带去什么，反而是这些人给他带来的东西更多。这是他发自肺腑的感受。

在义肢的研发过程中，迪恩看望过一群残疾军人。当迪恩询问他们有何需求时，一位坐在远处，失去右臂的大叔笑呵呵地说：我没什么需求，我很幸运我失去的是右臂，因为我是左撇子。而当桌子推开时，迪恩发现这位大叔没有腿。迪恩被这份乐观和坚强感动得泪光闪闪。这也成了他进行发明创造的核心动力所在。一个好的发明，能够挽救一个家庭，拥有温暖人余生的力量。

迪恩是真正的"用爱发电"，不断投身新发明的他丝毫没有停止脚步。放眼全世界的迪恩，接下来的一项发明让全球10亿人都因之获益。

3. 让全球 10 亿人喝上干净的水

迪恩越来越多的发明让人觉得他是一个接近于神的发明家。当他得知全球有近十亿人因为无法安全饮用水，造成每年死亡人数高达十万人时，他下决心要做点什么。要知道，这些地方往往还伴随着贫穷和其他灾难。

于是，一项宛如神作的发明诞生了。你能想象将一根管子插入任何一种被污染的水源中，出水口流出的都是百分百纯净水的发明吗？这就是迪恩的杰作——弹弓水处理系统（图6-7）。这台机器用极低的功耗和成本，一天可净化1000L水，且连续使用5年不用维修。

图 6-7　迪恩·卡门的杰作——弹弓水处理系统

梦幻般的发明,本来可以为迪恩带来更惊人的商业回报。但"梦幻制造者"迪恩却把这项投入巨资研发的系统免费赠予世界上的穷人使用。这样的善举让联合国也授予他至高无上的大奖,但对于迪恩来说,更珍贵的是那些喝到纯净水的孩子们的笑脸。

把一生的热爱和精力都倾注在发明中的迪恩终身未婚,如今他隐居在一个全靠风力涡轮发电的小岛别墅中。坐拥亿万财富的迪恩,却过着和机械手下象棋取乐的生活。看淡虚名浮利,迪恩最关心的还是下一代的成长。由他举办的FRC是全球影响力最大的青少年机器人比赛。无数天才少年受其鼓舞汇聚一堂,更多的迪恩·卡门正在成长之中(图6-8),他们将来对世界的改变可想而知。

图6-8　更多的迪恩·卡门正在成长

作家木心说:生活的最佳状态是冷冷清清的风风火火。迪恩·卡门无疑就是这种人,他从不孤独,因为内心充盈。他没有一纸文凭,但却有极为健全的人格,使他一面既能享受智性的生活,一面又能对人类的苦难抱有极深的同情。

愿天才迪恩·卡门给自己的快乐,也和他带给世界的幸福一样多。

资料来源:腾讯网(http://new.qq.com/omn/20200912/20200912A0752 B00.html),有删改。

阅读上文,请思考、分析并简单记录:

(1) 阅读文章,你觉得迪恩·卡门是辍学成功的典型还是知识创新的富翁?请简单评述。

答:_____

_____

_____

(2) 把一生的热爱和精力都倾注在发明中,迪恩·卡门获得的最大财富是什么?

答:_____

_____

_____

(3) 请网络搜索其他优秀工匠的事迹,并请简单记录。

答:_____

(4) 请简单记述你所知道的上一周内发生的国际、国内或者身边的大事。

答：_____

6.1 什么是工匠精神

在 2016 年的政府工作报告中，李克强总理说"要鼓励企业开展个性化定制、柔性化生产，培育精益求精的工匠精神"。近年来，媒体热议的"中国智造""中国创造""工匠精神"，如今成为决策层共识，写进政府工作报告，显得尤为难得和宝贵。

工匠，原指民间有工艺专长的匠人。所谓工匠精神，是指在制作或工作中追求精益求精的态度与品质，是职业道德、职业能力、职业品质的体现，是从业者的一种职业价值取向和行为表现。

工匠们喜欢不断雕琢自己的产品(图 6-9)，不断改善自己的工艺，享受着产品在双手中升华的过程。工匠们对细节有很高要求，追求完美和极致，对精品有着执着的坚持和追求，把品质从 0 提高到 1，其利虽微，却长久造福于世。

图 6-9 工匠精神

6.1.1 工匠精神的内涵

工匠精神是社会文明进步的重要尺度，是中国制造前行的精神源泉，是企业竞争发展的品牌资本，是员工个人成长的道德指引。"工匠精神"就是追求卓越的创造精神、精益求精的品质精神、用户至上的服务精神，其基本内涵包括敬业、精益、专注、创新等方面的内容。

（1）敬业。这是从业者基于对职业的敬畏和热爱而产生的一种全身心投入的认认真真、尽职尽责的职业精神状态。中华民族历来有"敬业乐群""忠于职守"的传统，敬业是中国人的传统美德，也是当今社会主义核心价值观的基本要求之一。

早在春秋时期，孔子就主张人在一生中始终要"执事敬""事思敬""修己以敬"。"执事敬"是指行事要严肃认真不怠慢，"事思敬"是指临事要专心致志不懈怠，"修己以敬"是指加强自身修养，保持恭敬谦逊的态度。

（2）精益。即精益求精，是从业者对每件产品、每道工序都凝神聚力、追求极致的职业品质。所谓精益求精，是指已经做得很好了还要求做得更好，"即使做一颗螺丝钉也要做到最好"。正如老子所说，"天下大事，必作于细"。能基业长青的企业，无不是精益求精才获得成功的。

（3）专注。即内心笃定而着眼于细节的耐心、执着、坚持的精神，这是一切"大国工匠"所必须具备的精神特质（图6-10）。从实践经验看，工匠精神都意味着一种执着，即一种几十年如一日的坚持与韧性。"术业有专攻"，一旦选定行业，就一门心思扎根下去，心无旁骛，在一个细分产品上不断积累优势，在各自领域成为"领头羊"。在中国，早就有"艺痴者技必良"的说法，如《庄子》中记载的游刃有余的"庖丁解牛"、《核舟记》中记载的奇巧人王叔远等。

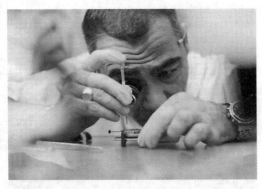

图6-10　工匠精神

（4）创新。"工匠精神"还包括追求突破、追求革新的创新内蕴。古往今来，热衷于创新和发明的工匠们一直是世界科技进步的重要推动力量。新中国成立初期，我国涌现出一大批优秀的工匠，如倪志福、郝建秀等，他们为社会主义建设事业做出了突出贡献。改革开放以来，"汉字激光照排系统之父"王选、"充电电池制造商"王传福、从事高铁研制生产的铁路工人和从事特高压、智能电网研究运行的电力工人等都是"工匠精神"的优秀传承者，他们让中国创新重新影响了世界。

许多具备了"工匠精神"的企业往往是行业里的奢侈品牌，如瑞士的手表制造行业（图6-11）。因为要做到完美，必须耗时长，成本高，因此价格也会更高。香奈儿首席鞋匠曾说"一切手工技艺，皆由口传心授。"传授手艺的同时，也传递了耐心、专注、坚持的精神，这是一切手工匠人所必须具备的特质。这种特质的培养，只能依赖于人与人的情感交流和行为感染，这是现代的大工业组织制度与操作流程无法承载的。"工匠精神"的传承，依靠言传身教地自然传承,无法以文字记录,以程序指引,它体现了旧时代师徒制度与家族传承的历史价值。

图 6-11　钟表工匠

6.1.2　工匠精神的现实意义

当今社会心浮气躁,追求"短、平、快"(投资少、周期短、见效快)带来的即时利益,因而忽略了产品的品质灵魂。因此,"工匠精神"在当今企业管理中有着重要的学习价值,企业更需要工匠精神,才能在长期的竞争中获得成功。当其他企业热衷于"圈钱、做死某款产品、再出新品、再圈钱"的循环时,坚持"工匠精神"的企业,依靠信念、信仰,将产品不断改进、不断完善,最终通过高标准要求历练之后,成为众多用户的骄傲。无论成功与否,在这个过程中,他们的精神是完完全全的享受,是脱俗的,也是正面积极的。

中国很多企业的产品质量为什么搞不好?虽然原因很多,但是最终可以归结到一点,就是做事缺乏严谨的工匠精神。中国的产品质量不如日本,重要原因之一就是人家做事更严谨,更具有工匠精神。日式管理最值得学习的是一种精神,而不是具体做法。这种精神就是匠人精神。

6.1.3　工匠精神的发展

曾经工匠是一个中国老百姓日常生活须臾不可离的职业,如木匠、铜匠、铁匠、石匠、篾匠等,各类手工匠人用他们精湛的技艺为传统生活景图定下底色。随着农耕时代结束,社会进入后工业时代,一些与现代生活不相适应的老手艺、老工匠逐渐淡出日常生活,但工匠精神永不过时。

所谓工匠精神,第一是热爱你所做的事,胜过爱这些事给你带来的钱;第二就是精益求精,精雕细琢。工匠精神是工业经济时代的一种产物,它是一种精致化生产的要求,对农业生产同样适用。从农业生产来讲,实际上就是从源头保证食品安全,从种植开始,原料、化肥、土地等要保证安全,还有就是它的品质和质量,这里也需要工匠精神(图 6-12)。

工匠精神就要求企业如同一个工匠一样,琢磨自己的产品,精益求精,经得起市场的考验和推敲。工匠精神的核心是企业要追求科技创新、技术进步。如果说企业是国家的经济命脉所在,那么一个以科技创新、技术进步为主体的企业,就是民族振兴的动力源泉,

图 6-12 工匠精神

是国家财富增加的源泉所在。工匠精神不仅体现了对产品精心打造、精工制作的理念和追求,更是要不断吸收最前沿的技术,创造出新成果。

工匠精神落在个人层面,就是一种认真精神、敬业精神。其核心是:不仅仅把工作当作赚钱养家糊口的工具,而是树立起对职业敬畏、对工作执着、对产品负责的态度,极度注重细节,不断追求完美和极致,给客户无可挑剔的体验。将一丝不苟、精益求精的工匠精神融入每一个环节,做出打动人心的一流产品。与工匠精神相对的,则是"差不多精神"——满足于90%,差不多就行了,而不追求100%。我国制造业存在大而不强、产品档次整体不高、自主创新能力较弱等现象,多少与工匠精神稀缺、"差不多精神"显现有关。

工匠精神落在企业家层面,可以认为是企业家精神。具体而言,表现在以下几方面:

第一,创新是企业家精神的内核。企业家通过从产品创新到技术创新、市场创新、组织形式创新等全面创新,从创新中寻找新的商业机会,在获得创新红利之后,继续投入,促进创新,形成良性循环。

第二,敬业是企业家精神的动力。有了敬业精神,企业家才会有将全身心投入到企业中的不竭动力,才能够把创新当作自己的使命,才能使产品、企业拥有竞争力。

第三,执着是企业家精神的底色。在经济处于低谷时,其他人也许选择退出,唯有企业家不会退出。改革开放40多年来,我国涌现出大批有胆有识、有工匠精神的企业家,但也有一些企业家缺乏企业家精神……可以说,企业家精神的下滑,才是经济发展的隐忧所在。

6.2 工程素质

所谓"工程素质",是解决工程实际问题的意识,是工程人才知识储备和能力结构的综合表现。这不仅要有比较扎实的工程基础理论和实践知识,而且需要见多识广,思维开阔,善于不同学科之间的渗透,从而具有创新思想,并且能付诸实施。工程技术人才必须具有良好的工程素质。

6.2.1 理科与工科

理工科是一个广大的领域,是包含物理、化学、生物、工程、天文、数学及这六大类的各种运用与组合的科目。理工事实上是自然、科学和科技的统称。

在西方世界里,理工这个字并不存在;在英文解释里,理工是科学(Science)与技术(Technology)的结合。"理工"二字最早出现在 19 世纪 80 年代,由当时的中国留学生从国外的 Science 和 Technology 翻译合成。

理科是指教育体系中对数学、物理、化学、生物、地科等与数理逻辑有关科目的统称,有别于工科。理科的诞生与发展是人类智慧发展的结果,标志着人类真正懂得了思考自然,因此理科的发展也是人类科学与自然思维发展的关键。

工科(工程学)是指如机械、建筑、水利、汽车等研究应用技术和工艺的学问。工科是应用数学、物理学、化学等基础科学的原理,结合生产实践所积累的技术经验而发展起来的学科。代表性的学科有土建类、水利类、电工类、电子信息类、热能核能类、仪器仪表类、化工制药类等。工科的培养目标是在相应的工程领域从事规划、勘探、设计、施工、原材料的选择研究和管理等方面工作的高级工程技术人才。主要是培养具有实际应用能力的工作人员。以上所述主要指传统工科,此外还有新型工科。新型工科是指为适应高技术发展的需要而在有关理科基础上发展起来的学科。

6.2.2 理工科学生的工程素质

工程素质是指从事工程实践的工程专业技术人员的一种能力,是面向工程实践活动时所具有的潜能和适应性。工程素质的内涵主要包括以下内容。

(1) 有比较扎实的技术基础。

(2) 受过必要的工程实践的训练。

(3) 有分析和解决工程实际问题的能力。

(4) 能够吃苦耐劳,适应较艰苦的工作环境。

工程素质的特征如下。

(1) 敏捷的思维、正确的判断和善于发现问题。

(2) 理论知识和实践的融会贯通。

(3) 把构思变为现实的技术能力。

(4) 具有综合运用资源、优化资源配置、保护生态环境、实现工程建设活动的可持续发展的能力,并达到预期目的。

工程素质实质上是一种以正确的思维为导向的实际操作,具有很强的灵活性和创造性,主要包含以下内容。

(1) 广博的工程知识素质。

(2) 良好的思维素质。

(3) 工程实践操作能力。

(4) 灵活运用人文知识的素质。

(5) 扎实的方法论素质。

(6) 工程创新素质。

工程素质的形成并非是知识的简单综合,而是一个复杂的渐进过程,将不同学科的知识和素质要素融合在工程实践活动中,使素质要素在工程实践活动中综合化、整体化和目标化。

6.3 工程教育

所谓工程教育,就是要培养面对开放的国际环境,具有较深厚的理论知识、较强的工程实践能力、良好的综合素质,以及具有开创性和国际竞争力的高层次工程技术人员。

2016年6月2日,在马来西亚吉隆坡召开的国际工程联盟大会上,中国科协代表中国正式加入《华盛顿协议》,成为国际本科工程学位互认协议的正式会员。"这是我国高等教育发展的一个里程碑,意味着英、美等发达国家认可了我国的工程教育质量,我们开始从国际高等教育发展趋势的跟随者向领跑者转变。"在教育部高等教育教学评估中心主任吴岩看来,这不仅为工科学生走向世界打下了基础,更意味着中国高等教育将真正走向世界。这一步,中国整整走了10年。

6.3.1 什么是《华盛顿协议》

作为世界上最具影响力的国际本科工程学位互认协议,《华盛顿协议》(Washington Accord)1989年由来自美国、英国、加拿大、爱尔兰、澳大利亚、新西兰6个国家的民间工程专业团体发起和签署。其宗旨是通过双边或多边认可工程教育资格及工程师执业资格,促进工程师跨国执业。此前拥有美国、英国、加拿大、澳大利亚、韩国、俄罗斯、日本等15个正式成员和德国、印度等5个预备成员。2013年,中国作为预备成员被吸纳,2016年6月2日,中国成为国际本科工程学位互认协议《华盛顿协议》的正式会员。

该协议主要针对国际上本科工程学历(一般为四年)资格互认,确认由签约成员认证的工程学历基本相同,并建议毕业于任一签约成员认证的课程的人员均应被其他签约国(地区)视为已获得从事初级工程工作的学术资格。

《华盛顿协议》规定任何签约成员须为本国(地区)政府授权的、独立的、非政府和专业性社团。目前《华盛顿协议》有正式会员10个,分别为来自美国、英国、加拿大、爱尔兰、澳大利亚、新西兰、中国香港、南非、日本等国家和地区的民间团体和中国科协;预备会员5个,分别为来自德国、马来西亚、新加坡、韩国以及中国台北的民间团体。

《华盛顿协议》是国际工程师互认体系的六个协议中最具权威性、国际化程度较高、体系较为完整的"协议",是加入其他相关协议的门槛和基础。今后,凡通过中国科协所属中国工程教育专业认证协会(CEEAA)认证的中国大陆工程专业本科学位将得到美、英、澳等所有该协议正式成员的承认。

6.3.2 中国工程教育规模世界第一

工程教育是我国高等教育的重要组成部分,在高等教育体系中"三分天下有其一"。中国开设工科专业的普通高校有2300多所,在校生超过1000万人,规模为世界第一。在国家工业化进程中,工程教育对门类齐全、独立完整的工业体系的形成与发展发挥了不可替代的作用。加入《华盛顿协议》是中国工程教育国际化进程的重要里程碑。

相关专家指出,面对走中国特色新型工业化道路、建设创新型国家等对高等工程教育提出的新要求,我国高等工程教育仍迫切需要深入改革:人才培养需进一步加强与工业界的紧密结合;学生的工程实践能力和创新能力需进一步提升;工程教育师资队伍建设特别是青年教师的工程能力需进一步加强;工程教育的评价体系与政策保障需进一步完善;工程教育环境建设需进一步强化。

为适应经济社会发展需要,我国对学科专业结构进行优化调整,加大了软件、集成电路、水利、地质、煤矿、核工业、信息安全、动漫等重点领域的人才培养力度,这些人才在载人航天、高性能计算机、三峡工程、青藏铁路、嫦娥工程等一大批重大工程建设中发挥了巨大作用。

我国高等工程教育专业认证开始于20世纪90年代初的建筑专业认证,经过10多年的实践,建筑领域的专业认证工作已经积累了不少经验。2006年3月17日,教育部办公厅发文成立全国工程教育专业认证专家委员会,此后先后设立了机械类、化工类、电气类、计算机类、地矿类、轻工与食品类、交通运输类、环境类、水利类以及安全工程等专业认证分委员会或试点工作组,完成了对多所高校、数十个专业点的认证试点工作。试点认证丰富了认证经验,深化了对认证标准、质量保证与评价体系的认识,对什么是认证、为什么开展认证、怎样开展认证等问题进行了有益的研究和探索。

6.3.3 推动工程教育改革的国家战略

工程教育认证是实现工程教育国际互认和工程师资格国际互认的重要基础。中国从2005年起建设工程教育认证体系,逐步在工程专业开展认证工作,并把实现国际互认作为重要目标。这不仅是工程技术人才跨国流动的需要,更重要的是,工程教育认证还肩负着推动工程教育改革、完善工程教育质量保障体系的重任。中国工程教育在校生约占高等教育在校生总数的1/3,工程教育的质量很大程度上决定了中国高等教育的总体质量,因此认证标准的选择非常重要。

从实践来看,《华盛顿协议》体系有两个突出特点,一是"以学生为本",着重"基于学生学习结果"的标准;二是用户参与认证评估,强调工业界与教育界的有效对接。在借鉴《华盛顿协议》各成员成功经验的基础上,中国在制度设计、标准建设、组织机构等方面按照国际实质等效的要求开展工作。

10多年的认证工作经验表明,课堂教学已经成为工程教育改革的"最后一公里软肋"。"在认证实施过程中,我们遇到的最大困难是教育思想的转变,认证强调专业人才培养结果导向,要求教师将毕业生出口要求分解对应到课程上去,并在课程教学中有效实施。而我国高等教育长期以来是学科导向、投入导向,这个观念贯穿在专业课程设置、教学实施、考核评价等方方面面。"前清华大学副校长余寿文坦言,理念转变不可能一蹴而就。

中国工程教育专业认证的实践证明,被认证专业准备认证的过程其实就是全面发动并积极推行课堂改革的过程。专业认证促进学校教育教学改革,是通过专业认证高校的共识。

专业认证以学生为中心、以产出为导向和持续改进为三大基本理念,与传统的内容驱动、重视投入的教育形成了鲜明对比,是一种教育范式的革新。

"回归工程"、培养学生的"大工程观"是当今国际工程教育的主流理念。《华盛顿协议》对毕业生提出的 12 条素质要求中,不仅要求工程知识、工程能力,还强调通用能力和品德伦理,主要包括沟通、团队合作等方面的能力,以及社会责任感、工程伦理等方面的内容。

6.3.4 国际工程师互认体系的其他协议

国际工程师互认体系的其他协议还包括以下内容:

(1)《悉尼协议》。为适应经济全球化发展的需要,20 世纪 80 年代,美国等一些国家发起并开始构筑工程教育与工程师国际互认体系,内容涉及工程教育及继续教育的标准、机构的认证,以及学历、工程师资格认证等诸多方面。该体系现有的六个协议,分为互为因果的两个层次,其中《华盛顿协议》《悉尼协议》《都柏林协议》针对各类工程技术教育的学历互认。

《悉尼协议》于 2001 年首次缔约,是学历层次上的权威协议,主要针对国际上工程技术人员的学历(一般为 3 年)资格互认。该协议由代表本国(地区)的民间工程专业团体发起和签署,目前的成员有澳大利亚、加拿大、爱尔兰、新西兰、南非、英国及中国香港 7 个国家和地区。

(2)《都柏林协议》。它于 2002 年签订,是针对一般为两年、层次较低的工程技术人员的学历认证,目前正式的会员有加拿大、爱尔兰、南非和英国。

6.3.5 工程教育专业认证的特点

工程教育专业认证是指专业认证机构针对高等教育机构开设的工程类专业教育实施的专门性认证,由专门职业或行业协会(联合会)、专业学会会同该领域的教育专家和相关行业企业专家一起进行,旨在为相关工程技术人才进入工业界从业提供预备教育质量保证。

工程教育专业认证是国际通行的工程教育质量保障制度,也是实现工程教育国际互认和工程师资格国际互认的重要基础。工程教育专业认证的核心就是要确认工科专业毕业生达到行业认可的既定质量标准要求,是一种以培养目标和毕业出口要求为导向的合格性评价。工程教育专业认证要求专业课程体系设置、师资队伍配备、办学条件配置等都围绕学生毕业能力达成这一核心任务展开,并强调建立专业持续改进机制和文化以保证专业教育质量和专业教育活力。

在尊重各自教育实际的基础上,《华盛顿协议》各签约成员的工程教育专业认证呈现出很多相同的特点。

(1) 基于大专业领域分类进行认证,尊重专业办学自主权。

《华盛顿协议》各签约成员制定的专业认证标准注重培养目标的确定和符合目标要求的课程体系的设置,并对质量管理系统提出严格要求。但目标和课程体系只是教育专业实施的框架和指导方针,教育过程本身有宽松的发展空间。认证标准参照大专业领域(或称专业类)的思想划分专业认证范围,不干涉具体专业设置。虽然有统一的最低认证要求,但只限于共性课程和师资的原则性要求,各校要结合本地区经济发展、科技进步的需求,在专业设置上有不同的侧重点和多样化的专业内容,办出各自的特色。

这种以专业领域分类,每个专业领域里类似的专业按照同一套认证标准进行认证的方法,充分尊重高校专业设置的自主权,支持各专业办出自己的特色,有助于各认证专业结合市场需求和本学校、本专业的条件设置相适应的课程体系,培养出同一学科内不同专业方向、从事不同工作的工程从业人员。同时,这种方式有助于学科的交叉、技术移植、共性课程教材的开发和统一;也有助于工程师在职业发展中接受相应工程实践领域的培训和能力提升。

(2) 适应技术发展需求,开展交叉学科的认证工作。

学科间或跨学科活动形成新的知识体系,而构成了交叉科学,学科交叉点往往是科学新的生长点、新的学科前沿,这里最有可能产生重大的科学突破,使科学发生革命性的变化。《华盛顿协议》的许多签约成员正视了在工程教育界交叉学科专业认证的问题,并采用多种方式解决了这一问题。

(3) 构建完整体系,实现工程教育认证与工程师注册制度的有机衔接。

工程专业人员的发展必须经历特定的阶段。第一阶段是取得经过认证的学术资质或学位,即毕业生阶段。经过一段时间的培训和历练,就进入第二个阶段,即专业资质认证阶段。对工程师和工程技术专家而言,第三个阶段便是达到各种机构的国际互认。此外,工程专业人员还要通过工作实践来保持和增强个人的职业能力。

各签约成员签署《华盛顿协议》不仅仅是为了教育认证而认证,而是为了确定并鼓励以最好的方式完成工程师开展专业实践所需的学术准备,保证毕业生在其工作的职业领域内经过一定时间后拥有合格的专业技术资质,并能通过参加培训与技能提高项目,继续保持和提高其职业能力。大多数签约成员既是工程教育专业认证的执行组织,又是工程师注册的管理机构或是与注册密切相关的机构,在管理制度上解决了工程师注册问题的上下游关系。在政策上明确规定了通过工程教育专业认证的毕业生在工程师资格认证上的优先政策,促进工程教育专业认证工作的开展,满足毕业生就业的需求。这种体系构建完整,从体制上保障了工程师执业生涯从工程教育到从业再到职业发展教育的顺畅发展,实现了工程教育认证与工程师注册制度的无缝衔接。

同时,《华盛顿协议》规定,签约成员组织有义务协助其他签约成员认证过的专业的毕业生在该国(地区)获得工程师注册。为了解决签约成员组织的工程师在其他国家或地区就业的资格问题,《华盛顿协议》的主要成员组织发起成立了"工程师流动论坛""工程技术人员流动论坛",开始着手探索和解决工程师的国际双边、多边和国际互认问题。

(4) 统一互认原则,建立满足工程师从业要求的专业认证标准。

各签约成员的工程教育专业认证都是由学术界和工业界以及主管部门合作开展的,具有很高的权威性。各组织制定认证标准也是基于本国或本地区的经济、社会、教育发展的状况和需求,紧密结合工程实际,从而能及时反映国家和社会的需求,反映工程技术领域的最新变化与发展状况,不断适应外界市场的需求,加上法律或政府的授权,从政策上将工程师的资格与工程教育紧密联系起来,用来引导各个学校专业办学的方向。

各签约成员从工程师的职业能力基准出发,针对工程师应具备的教育资格定义专业认证标准,在工程科学知识、问题分析能力、解决问题的设计与发展、信息检索与调研、现代工具的应用、个人工作及在团体中工作、交流能力、职业道德、环境和可持续发展、工程与金融领域的管理、终身学习、在工程实践中相关的责任等方面分解学生的核心能力,并根据能力要求提出对课程体系、师资条件、学生、支持条件等方面的要求。

(5) 具有国际化视野,推动世界工程教育质量整体改进。

缔约《华盛顿协议》的初衷是促进本国(地区)工程教育认证的发展,方便本国(地区)工程技术人员的国际流动和在国际市场上的就业。通过《华盛顿协议》,"各缔约方承认这些专业满足工程实践的学术要求,具有实质等效性……各缔约方要尽一切合理的努力,保证负责注册或批准职业工程师在本国或本地区从业的机构承认本协议缔约组织所认证的工程专业的实质等效性"。基于以上共识,各签约成员都将"促进世界工程教育的发展和质量提升"作为目标,将"为其他国家建立工程教育认证体系提供帮助,加强国际合作,在认证工作上积极推进国际交流"作为职能,并承诺"认可《华盛顿协议》其他签约成员认证的工程教育专业,通过最合适的途径保持相互的监督和信息交流,包括定期沟通和交流认证标准、体系、程序、指南、出版物和已认证项目的清单等相关信息,受邀进行观摩认证的访问"。这实际上起到了倡导各国工程教育专业学位和工程师资格的相互认可,推动世界工程教育质量改进和创新的作用。

6.4 CDIO 工程教育模式

CDIO 代表构思(Conceive)、设计(Design)、实现(Implement)和运作(Operate),CDIO 工程教育模式是近年来国际工程教育改革的成果。从 2000 年起,麻省理工学院和瑞典皇家工学院等 4 所大学组成的跨国研究获得克努特和爱丽丝·瓦伦堡基金会近 2000 万美元的巨额资助,经过 4 年的探索研究,创立了 CDIO 工程教育理念,并成立了以 CDIO 命名的国际合作组织。CDIO 的理念不仅继承和发展了欧美 20 多年来工程教育改革的理念,更重要的是系统地提出了具有可操作性的能力培养、全面实施以及检验测评的 12 条标准。

6.4.1 CDIO 的内涵

CDIO 以产品研发到运行的生命周期为载体,让学生以主动的、实践的、课程之间有机联系的方式学习工程。CDIO 包括 3 个核心文件:1 个愿景、1 个大纲和 12 条标准。CDIO 的愿景是为学生提供一种强调工程基础的、建立在真实世界的产品和系统的构思—设计—实现—运行(CDIO)过程的背景环境基础上的工程教育(图 6-13)。

CDIO 培养大纲将工程毕业生的能力分为工程基础知识、个人能力、人际团队能力和工程系统能力 4 个层面,要求以综合的培养方式使学生在这 4 个层面达到预定目标。它以逐级细化的方式(3 级、70 条、400 多款)表达出来,使工程教育改革具有更加明确的方向性、系统性。它的 12 条标准对整个模式的实施和检验进行系统的、全面的指引,使得工程教育改革具体化、可操作、可测量,对学生和教师都具有重要指导意义。CDIO 体现了系统性、科学性和先进性的统一,代表当代工程教育的发展趋势。

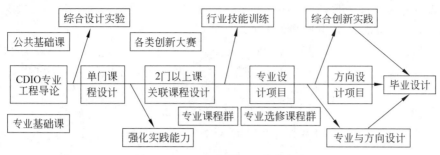

图 6-13 CDIO 软件工程培养方案

6.4.2 CDIO 的 12 条标准

CDIO 的 12 条标准如下。

标准 1：以 CDIO 为基本环境。学校使命和专业目标在什么程度上反映了 CDIO 的理念，即把产品、过程或系统的构思、设计、实施和运行作为工程教育的环境？技术知识和能力的教学实践在多大程度上以产品、过程或系统的生产周期作为工程教育的框架或环境？

标准 2：学习目标。从具体学习成果看，基本个人能力、人际能力和对产品、过程和系统的构建能力在多大程度上满足专业目标，并经过专业利益相关者的检验？专业利益相关者是怎样参与学生必须达到的各种能力和水平标准的制定的？

标准 3：一体化教学计划。个人能力、人际能力和对产品、过程和系统的构建能力是如何反映在培养计划中的？培养计划的设计在什么程度上做到了各学科之间相互支撑，并明确地将基本个人能力、人际能力和对产品、过程和系统构建能力的培养融于其中？

标准 4：工程导论。个人能力、人际能力和对产品、过程和系统的构建能力是如何反映在培养计划中的？工程导论在多大程度上激发了学生在相应核心工程领域的应用方面的兴趣和动力？

标准 5：设计—实现经验。培养计划是否包含至少两个设计—实现经历（其中一个为基本水平，一个为高级水平）？在课内外活动中，学生有多少机会参与产品、过程和系统的构思、设计、实施和运行？

标准 6：工程实践场所。实践场所和其他学习环境怎样支持学生动手和直接经验的学习？学生有多大机会在现代工程软件和实验室内发展其从事产品、过程和系统建构的知识、能力和态度？实践场所是否以学生为中心、方便、易进入并易于交流？

标准 7：综合性学习经验。综合性的学习经验能否帮助学生取得学科知识以及基本个人能力、人际能力和产品、过程和系统构建能力？综合性学习经验如何将学科学习和工程职业训练融合在一起？

标准 8：主动学习。主动学习和经验学习方法怎样在 CDIO 环境下促进专业目标的达成？教和学的方法中，在多大程度上是基于学生自己的思考和解决问题的活动？

标准 9：教师能力的提升。用于提升教师基本个人能力和人际能力以及产品、过程和系统构建能力的举措能得到怎样的支持和鼓励？

标准 10：教师教学能力的提高。有哪些措施用来提高教师在一体化学习经验、运用主动和经验学习方法以及学生考核等方面的能力？

标准 11：学生考核。学生的基本个人能力和人际能力，产品、过程和系统构建能力以及学科知识如何融入专业考核之中？这些考核如何度量和记录？学生在何种程度上达到专业目标？

标准 12：专业评估。有无针对 CDIO 12 条标准的系统化评估过程？评估结果在多大程度上反馈给学生、教师以及其他利益相关者，以促进持续改进？专业教育有哪些效果和影响？

6.5 新工科的形成与发展

高等工程教育在我国高等教育中占有重要的地位。深化工程教育改革，建设工程教育强国，对服务和支撑我国经济转型升级意义重大。2016 年 6 月，我国工程教育专业认证体系实现国际实质等效，为深化工程教育改革提供了良好契机。当前，国家推动创新驱动发展，以新技术、新业态、新模式、新产业为代表的新经济蓬勃发展，对工程科技人才提出了更高要求，迫切需要加快工程教育改革创新(图 6-14)。

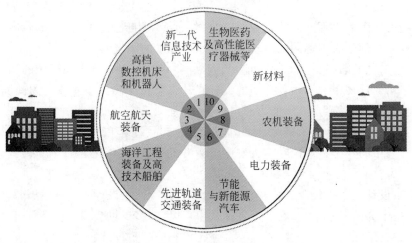

图 6-14　新工科

6.5.1　新工科研究的内容

新工科研究和实践围绕工程教育改革的新理念、新结构、新模式、新质量、新体系开展。主要内容如下。

(1) 工程教育的新理念：结合工程教育发展的历史与现实、国内外工程教育改革的经验和教训，分析研究新工科的内涵、特征、规律和发展趋势等，提出工程教育改革创新的理念和思路。

(2) 学科专业的新结构：面向新经济发展需要、面向未来、面向世界，开展新兴工科专业的研究与探索,对传统工科专业进行更新升级等。

(3) 人才培养的新模式:在总结卓越工程师教育培养计划、CDIO工程教育模式等工程教育人才培养模式改革经验的基础上开展深化产教融合、校企合作的体制机制和人才培养模式的改革研究和实践。

(4) 教育教学的新质量:在完善中国特色、国际实质等效的工程教育专业认证制度的基础上,研究制定新兴工科专业教学质量标准,开展多维度的教育教学质量评价等。

(5) 分类发展的新体系:分析研究高校分类发展、工程人才分类培养的体系结构,提出推进工程教育办出特色和水平的宏观政策、组织体系和运行机制等。

6.5.2 促进新工科再深化

为主动应对新一轮科技革命和产业变革,加快培养新兴领域工程科技人才,改造升级传统工科专业,主动布局未来战略必争领域人才培养,教育部2018年首批认定612个新工科研究与实践项目,探索建立"新工科"建设的新理念、新标准、新模式、新方法、新技术、新文化。组建人工智能、大数据、智能制造等项目群,加快项目交流沟通,集聚产业资源,推进校际协同。为推进新工科再深化,2019年,教育部多次召开专题交流会,成立"全国新工科教育创新中心",探索形成中国特色、世界水平的新工科教育体系,打造世界工程创新中心和人才高地。

新工科建设正在进入再深化的新阶段,从轰轰烈烈到扎扎实实。新工科建设"天大方案""成电方案""F计划"等正式发布并全力推进,百花齐放,你追我赶,日新又新,引起了国内外教育界、产业界的高度关注,产生了极大影响。新工科建设正在改变高校教与学的行为,正在改变高校人才培养方案,正在改变学校的评价体系与资源配置方式,正在改变工科学生的人生命运,正在改变产业的竞争格局,正在重塑国家竞争力在全球的位置。

教育部引导高校根据经济社会发展需要和办学能力加大大数据、物联网相关专业人才培养力度。2018年10月,教育部、工信部、工程院联合发布《关于加快建设发展新工科 实施卓越工程师教育培养计划2.0的意见》,实施卓越工程师教育培养计划2.0,推动各地各高校着力建设一批新型高水平理工科大学、多主体共建的产业学院和未来技术学院、产业急需的新兴工科专业、体现产业和技术最新发展的新课程等。

针对人工智能、机器学习、物联网、区块链和大数据等技术的快速兴起,原来培养的工科人才不能适应这些新兴产业。2017年,教育部提出以人工智能为核心的新工科的概念,以应对已经来临的科技革命与产业变革(第四次工业革命),新工科专业包括智能制造、云计算、人工智能、机器人等。这次的科技革命是由人工智能、机器学习、物联网、区块链和大数据等技术的兴起而引发。在原有的计算机及信息技术的基础上进行了深层次的技术交融,为机械人赋予人类的情感,以自主完成人们指派的任务。

作 业

1. 在(　　)年的政府工作报告中,李克强总理指出:"要鼓励企业开展个性化定制、柔性化生产,培育精益求精的工匠精神。"

A. 2019　　　　B. 2016　　　　C. 2017　　　　D. 2018

2. 所谓"工匠精神",是指在制作或工作中追求精益求精的态度与品质,是(　　)的体现,是从业者的一种职业价值取向和行为表现。

　　A. 职业道德　　　B. 职业能力　　　C. 职业品质　　　D. 上述全部

3. 工匠精神是社会文明进步的重要尺度,是中国制造前行的精神源泉,是企业竞争发展的品牌资本,是员工个人成长的道德指引,其基本内涵包括敬业、(　　)等方面的内容。

　　A. 精益　　　　B. 专注　　　　C. 创新　　　　D. 上述全部

4. 随着农耕时代结束,社会进入后工业时代,一些与现代生活不相适应的老手艺、老工匠逐渐淡出日常生活,而工匠精神(　　)。

　　A. 永不过时　　　B. 随风飘散　　　C. 渐行渐远　　　D. 没有意义

5. 对于企业来说,工匠精神的核心是要求企业(　　),产品经得起市场的考验和推敲。

　　A. 精益求精　　　B. 科技创新　　　C. 技术进步　　　D. 上述全部

6. 对于企业家的工匠精神,(　　)是错误的。

　　A. 创新是企业家精神的内核
　　B. 敬业是企业家精神的动力
　　C. 坚守品牌,坚持传统,比创新更具务实性
　　D. 执着是企业家精神的底色

7. 理工科是一个广大的领域,包含物理、化学、生物、(　　)、天文、数学及这六大类的各种运用与组合的科目。

　　A. 工程　　　　B. 文学　　　　C. 论语　　　　D. 艺术

8. 工科的代表性学科有土建类、水利类、电工类、(　　)类、热能核能类、仪器仪表类、化工制药类,等等。

　　A. 程序设计　　　B. 电子信息　　　C. Java　　　　D. 软件工程

9. 工程素质是指从事工程实践的工程专业技术人员的一种能力,其内涵主要包括有比较扎实的技术基础、(　　)。

　　A. 受过必要的工程实践的训练
　　B. 有分析和解决工程实际问题的能力
　　C. 能够吃苦耐劳适应较艰苦的工作环境
　　D. 上述全部

10. 所谓工程教育,就是要培养面对开放的国际环境,具有较深厚的理论知识、(　　)的高层次工程技术人员。

　　A. 以下所有　　　　　　　　　B. 较强的工程实践能力
　　C. 良好的综合素质　　　　　　D. 具有开创性和国际竞争力

11. 1989年,由来自美国等六个国家的民间工程专业团体发起和签署的《(　　)》是世界上最具影响力的国际本科工程学位互认协议,其宗旨是通过双边或多边认可工程教育资格及工程师执业资格,促进工程师跨国执业。

A. 新工科协议　　B. 华盛顿协议　　C. 悉尼协议　　D. 东京协议

12. 2001年,首次缔约的《（　　）》是美国等一些国家发起并开始构筑工程教育与工程师国际互认体系,内容涉及工程教育及继续教育的标准、机构的认证,以及学历、工程师资格认证等诸多方面。

　　A. 新工科协议　　B. 华盛顿协议　　C. 悉尼协议　　D. 东京协议

13. 中国的（　　）在国家工业化进程中,对门类齐全、独立完整的工业体系的形成与发展,发挥了不可替代的作用。加入《华盛顿协议》是其国际化进程的重要里程碑。

　　A. 工程教育　　B. 质量教育　　C. 思政教育　　D. 信息教育

14. （　　）的理念不仅继承和发展了国际上几十年来工程教育改革的理念,更重要的是系统地提出了具有可操作性的能力培养、全面实施以及检验测评的12条标准。

　　A. 新工程实践　　B. AI教育　　C. IT教育　　D. CDIO

15. CDIO的标准之一是：（　　）在多大的程度上激发了学生在相应核心工程领域的应用方面的兴趣和动力?

　　A. 学生考核　　B. 工程导论　　C. 主动学习　　D. 外语能力

16. CDIO的标准之一是：（　　）和经验学习方法怎样在CDIO环境下促进专业目标的达成?

　　A. 学生考核　　B. 工程导论　　C. 主动学习　　D. 外语能力

17. CDIO的标准之一是：（　　）。学生的基本个人能力和人际能力,产品、过程和系统构建能力以及学科知识如何融入专业考核之中?

　　A. 学生考核　　B. 工程导论　　C. 主动学习　　D. 外语能力

18. 在尊重各自教育实际的基础上,《华盛顿协议》各签约成员的工程教育专业认证呈现出很多相同的特点,包括（　　）。

　　A. 基于大专业领域分类进行认证,尊重专业办学自主权
　　B. 适应技术发展需求,开展交叉学科的认证工作
　　C. 构建完整体系,实现工程教育认证与工程师注册制度的有机衔接
　　D. 上述全部

19. 新工科研究和实践围绕工程教育改革的新理念、新结构、（　　）开展。

　　A. 新模式　　B. 新质量　　C. 新体系　　D. 上述全部

20. 2017年,教育部提出以人工智能为核心的新工科的概念,以应对已经来临的科技革命与产业变革(第四次工业革命),新工科专业包括（　　）、机器人等。

　　A. 智能制造　　B. 云计算　　C. 人工智能　　D. 以上全部

【研究性学习】熟悉工匠精神与工程教育

小组活动：熟悉本章课文介绍的重要概念。

(1) 理解工匠精神、工程素质、工程教育、工程教育认证等相关概念,思考创新思维与工程素质的关系。

　　答：_____

(2) 了解加入《华盛顿协议》对中国工程学科教育以及个人发展有什么积极意义。
答：_____
_____
_____
_____

(3) 请记录：你正在就读的专业是：_____
这个专业未来获得的学位是：□理学士　□工学士　□管理学士
你了解这些不同学位之间的差别吗？请简单叙述之。
答：_____
_____
_____
_____

(4) 请结合你自己的专业，简单介绍你对工程素质的认识。
答：_____
_____
_____
_____

记录：请记录小组讨论的主要观点，推选代表在课堂上简单阐述你们的观点。
评分规则：若小组汇报得5分，则小组汇报代表得5分，其余同学得4分，其余类推。
_____
_____
_____
_____

实验评价（教师）
_____
_____

数据科学职业与思维

【导读案例】 智能汽车出行数据的安全

如今,智能汽车越来越像部智能手机,智能汽车收集的出行数据(图7-1)会不会流到国外? 由于智能汽车数据收集带来的个人隐私和国家安全风险,其即将被纳入管控。

图 7-1 智能汽车收集出行数据

2021年5月12日晚,国家互联网信息办公室(简称网信办)官方网站发布了关于《汽车数据安全管理若干规定(征求意见稿)》(简称征求意见稿),向社会公开征求意见。本次征求意见稿总共21条,涉及运营者、个人信息和重要数据的定义范畴,运营者收集个人信息或重要数据应当坚持的告知责任和使用权限,运营者向境外提供个人信息或重要数据的安全评估等方面。

数据是智能汽车的命门。从软件定义汽车到数据驱动迭代,汽车在使用过程中贡献的数据已经成为众多车企最为宝贵的资产。但随着智能化、网联化的进一步发展,数据安全问题也被放大,比如汽车摄像头、激光雷达等传感器对车内车外环境的采集。消费者的个人隐私、车企的商业机密和国家的数据安全亟须政策进行规范。此前,《数据安全管理办法征求意见稿》等文件对数据的采集、存储、传输、处理、监督、保护以及出境做了明确的规定,但针对智能汽车的数据管理未曾有专门的法律法规可以遵守。

征求意见稿的发布可谓一场"及时雨",也是对近期一系列智能汽车安全事件的回应。"在此之前,我国在智能汽车数据管理方的规定措施方面基本是空白,企业在做智能汽车研发的时候也无法可依,无规可依。这一规定公布以后,企业就可以在指导下做智能汽车相关技术的研发,也保证了智能汽车产业的健康。"清华大学车辆与运载学院创院院长杨殿阁表示。

1. 更多传感器采集信息更多,涉及问题更大

伴随着智能化浪潮席卷汽车工业,汽车越来越"聪明",但数据安全的监管缺失和法规滞后也显露出来。

智能汽车产生的数据主要分为两类,一类是用户数据,主要关于用户个人隐私,如微信上车会涉及用户账号和访问记录,车内摄像头、车内麦克风等也可能侵犯用户隐私;另一类是车辆数据,包括地理位置、系统信息、业务相关的数据。

在账号、身份、位置信息等个人信息之外,智能汽车的行车路线、运行参数等数据的归属权如何界定也成为一个争议点。正如特斯拉"车展维权"事件中,企业向媒体公布行车数据,是否构成对该车主个人隐私的侵犯,在法律上并没有完全的界定;但特斯拉公布的数据中包含车架号,车辆属于个人财产,车架号是唯一标识,识别到车等同于识别到人,业内人士分析称,这已经构成对个人信息的泄露。在个人信息之外,行驶过程中汽车采集的道路环境信息,涉及地理信息的测绘,更是威胁着国家安全。

随着车联网应用快速上车后,汽车更像一台智能手机,但智能汽车比手机采集的信息面更广,摄像头、激光雷达等各类传感器更多,涉及的安全问题更严重。在车辆行驶的过程中,激光雷达和摄像头也时刻采集路面的信息,这些信息很有可能涉及敏感地点,其内容是非法的。不仅内容非法,一些激光雷达精度很高,可能造成精度非法。本次网信办出台的政策对个人信息的采集和地理信息的采集都做出了明确的限制。

征求意见稿第八条和第九条提到,在个人信息采集上,应默认为不收集,每次都应当征得驾驶人同意授权,驾驶结束(驾驶人离开驾驶席)后本次授权自动失效;需要明显地告知车内人员正在收集个人信息;需要对个人信息进行匿名化或脱敏处理。

征求意见稿第三条提到,将军事管理区、国防科工等涉及国家秘密的单位、县级以上党政机关等重要敏感区域的人流车流数据和高于国家公开发布地图精度的测绘数据都纳入"重要数据"的范畴。

2. 跨境传输风险难避,必须建设境内数据中心

智能汽车对涉及国家秘密单位的地理信息、环境信息的收集已经引发政府部门的注意。华尔街日报引述知情人称,因为担心摄像头收集敏感数据,中国政府已开始限制军方人员和重点国企员工使用特斯拉,部分机构要求员工不得驾驶特斯拉上班,以及禁止驶入敏感企业的住宅小区。对此,特斯拉首席执行官埃隆·马斯克在中国发展高层论坛上表示,特斯拉绝不会向美国政府提供其在中国或其他国家收集的任何车辆和用户数据。

特斯拉是否从事"间谍"活动不得而知,但智能汽车尤其是跨国车企,已经引发了数据存储和跨境传输等新问题。业内人士指出,我国对数据跨境传输一直缺乏有效的监管机制,但涉密数据跨境传输对国家安全影响极大,且一旦数据传出去了,后期要再整治、修补的难度更大。

"在技术手段不完备、管理制度还不完善的情况下,对跨境传输应该采取更为严格的管理方式,尽快将数据先'堵住',待研究清楚之后,这些确实需要传出去且不涉密的脱敏数据才能在全球范围联合研发。但在研究清楚之前、控制手段完善之前,数据应该严格地留在国内(图7-2)。"杨殿阁表示。华东理工大学法学院特聘副研究员王鹏鹏说,汽车使用中产生的数据都要经过"脱敏"后才能被传输、保存并应用在车企的智能化研发中,车主的隐私敏感隐私数据也得以被筛除。

图7-2 境内数据中心

"但汽车收集的一些数据,如行动轨迹,必然是带着人的属性,属于法律上需要'脱敏'的信息,这对于无人驾驶深度学习的技术贡献可能大打折扣。"王鹏鹏认为,要平衡数据安全和技术进步,需要建立一个数据平台处理中心,但必须让政府参与进来进行监督,尤其是特斯拉这样的涉外企业。

本次发布的征求意见稿也尤其对数据存储和跨境传输做出规定。征求意见稿第十二条指出,个人信息或重要数据应当依法在境内存储,确需向境外提供的,应当通过国家网信部门组织的数据出境安全评估;征求意见稿第十三条提出,向境外提供个人信息或者重要数据,应当采取有效措施明确和监督接收者按照双方约定的目的、范围、方式使用数据,保证数据安全。

"我们的工作就是要跟行业、政府监管机构一起,把数据安全的规则建立好,让老百姓更放心。"上海车展期间,特斯拉中国区副总裁陶琳在接受采访时表示,特斯拉数据中心于2021年第二季度建成。可以预见的是,特斯拉等跨国车企都需要像苹果在贵州建立数据中心一样,在国内设立专门的数据中心进行处理和存储。业界预测,此次征求意见稿将对数据后台在境外的汽车企业形成较大的约束作用。

3. 隐私与功能难兼得

汽车的数据安全问题,能否从车企和智能解决方案供应商的源头层面进行规避?这在技术层面是可以实现的。

"数据安全和整车的研发过程是没有冲突的。车企可以把安全融入整车研发流程中,从需求、设计、研发到测试。"徐超表示。以摄像头为例,哪些信息可以采集、哪些较为敏感,需要经过用户授权以及脱敏处理,车企都可以在研发中同步完成安全评估,遵守国家法规。

互联网时代的"安全守护者"加入汽车行业,也将为产业链伙伴提供智能汽车网络安全服务。近日,以安全为立身之本的360宣布与哪吒合作造车,360集团创始人周鸿祎认为,360为消费者提供更平价的数字化产品的同时,可以深入研究汽车网络安全问题。

不过,车企在信息处理中仍面临诸多困惑。车企对每个数据的流向很难有一个宏观的印象和掌控,"车企不知道这辆车采集的数据在传输、分享中会面临哪些安全风险,以及需要用怎样的手段去处理。"

对于技术使用和用户隐私处理,车企还面临着鱼和熊掌难以兼得的局面。理想汽车当前没有安装车内摄像头,未来车型可能会安装,但徐超坦言,如果为了保护隐私而关闭车内摄像头,监控用户疲劳驾驶的功能就会失效,用户体验也有损失。

为了保护车主隐私,另一种解决方法是只提取部分信息。"数据是具有两面性的。我们承诺决不采用Face ID的技术,只需抽取用户眉毛、眼皮等面部核心信息。哪怕黑客来攻击,也不能在系统中找到一张完整的'face'。"智己汽车联席CEO刘涛对媒体表示。

汽车数据泄露不仅威胁着消费者,对于车企来说,它们也担心业务信息、商业机密的泄露。黑客或竞争对手通过爬虫获取数据,利用统计学抽样分析,构造一些模型,再通过抽样数据的获取和分析,就能非常精确地分析出实际业务的商业机密。

"大家关注的点都是在传输、存储的安全,忽略了业务应用层的数据安全。实际上,黑灰产、竞争对手、商业趋势分析、情报分析、政治倾向分析的形形色色的团体,都在互联网上进行着数据的挖掘。"徐超表示。

资料来源:根据网络资料整理。

阅读上文,请思考、分析并简单记录:
(1) 为什么说数据是智能汽车的命门?
答:_____
_____
_____

(2) 智能汽车产生的数据主要分为哪两部分?
答:_____
_____
_____

(3) 智能汽车对地理信息、环境信息的收集存在着跨境传输的风险,应该如何加以防范?
答:_____
_____

(4) 请简单记述你所知道的上一周内发生的国际、国内或者身边的大事。

答：_____

_____

_____

7.1 IEEE/ACM《计算课程体系规范》的相关要求

随着计算机技术(特别是网络技术)的迅猛发展和广泛应用,由新技术带来的诸如网络空间的自由化、网络环境下的知识产权、计算机从业人员的价值观与职业素质等社会和职业问题已极大地影响着信息产业的发展,并引起业界人士的高度重视。无论是购买计算机还是选择职业,作为一个专业学生,同时也是消费者,了解计算机行业(图7-3)非常重要。

图7-3 计算机行业

IEEE/ACM《计算课程体系(Computing Curricula,CC)规范》是美国计算机学会(ACM)和电气与电子工程师协会计算机学会(IEEE-CS)联合组织全球20个国家的50位相关领域计算机教育专家共同制定的计算机类专业课程体系规范,具有很高的权威性。该规范已历经CC1991、CC2001、CC2005三个重要版本,是国内外一流计算机专业制定课程体系时的重要指导。

CC2020项目组研究当前计算领域的课程设计,对CC2005课程体系进行版本更新,并提供教学指导方针,以应对未来计算教育面临的挑战。CC2020采用"计算"一词作为计算机工程、计算机科学和信息技术等所有计算机领域的统一术语,采用"胜任力"、融合知识、技能和品行3方面的综合能力培养,加强了对职业素养、团队精神等方面的要求(图7-4)。

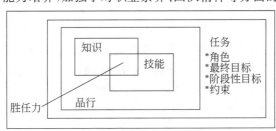

图7-4 胜任力模型

7.1.1 胜任力培养实践

近年来,计算教育领域出现了"基于胜任力的学习"一词,已经或正在计算教育的多个学科领域里开展实践。之前,计算教育领域大部分都倾向于基于知识的学习,然而对于计算机领域,基于知识或仅基于技能的培养不再适合,因为计算机专业的毕业生必须在面向工作岗位时展示出特定的胜任力。知识、技能、品行是构成胜任力的三要素。

知识对应胜任力的"了解"维度,是对事实的理解。在CC2020报告中,知识被分为计算知识和基础专业知识两个维度。其中,计算知识元素分为6类,包括人与组织、系统建模、软件系统架构、软件开发、软件基础和硬件;基础专业的知识元素被分为13项:分析和批判性思维、协作与团队合作、伦理和跨文化的观点、数理统计、多任务优先级和管理、口头交流与演讲、问题求解与排除故障、项目和任务组织与计划、质量保证/控制、关系管理、研究和自我入门/学习者、时间管理、书面交流。

技能是指应用知识主动完成任务的能力和策略。技能表达了知识的应用,是胜任力的"诀窍"维度,又分为认知技能和专业技能。其中,认知技能分为6个技能等级:记忆、理解、应用、分析、评估和创造。专业技能包括沟通、团队精神、演示和解决问题。

品行构成胜任力的"知道为什么"维度,并规定任务执行的必要特征或质量。品行包含社交情感技能、行为和态度,这些都是表征执行任务的倾向。CC2020报告描述了11种与元认知意识有关的品行元素,包括主动性、自我驱动、热情、目标导向、专业性、责任心、适应性、协作合作、相应式、细致和创新性,还包括如何与他人合作,以实现共同目标或解决方案。

7.1.2 我国计算机类本科教育的现状

我国计算机类专业人才培养的规模从1999年开始逐年扩大。截至2020年9月,全国高等学校计算机类本科专业点已经超过4000个,是我国规模最大的工科类专业。

在教育部1998年发布的《普通高等学校专业目录》中,计算机科学与技术还是电气信息类的一个专业。该目录还包含了根据计算机类专业发展重新独立出来的软件工程、网络工程、信息安全、智能科学与技术等专业。2012年教育部发布的《普通高等学校专业目录》中设立了计算机类专业。此目录发布的时候,计算机类专业包括计算机科学与技术、软件工程、网络工程、信息安全、物联网工程、数字媒体技术这6个基本专业,以及智能科学与技术、空间信息与数字技术、电子与计算机工程3个特设专业。2016年,又增加了数据科学与大数据技术、网络空间安全专业。2017年,则增加了新媒体技术、电影制作这几个特色专业。2020年,又增加了保密技术、服务科学与工程、虚拟现实技术、区块链工程等专业。

为了应对计算机类专业快速发展下专业建设的需要,教育部计算机相关教学指导委员会等组织先后发布了计算机(类)专业的发展战略、专业规范、教学质量国家标准。2006年9月,教育部高等学校计算机科学与技术教学指导委员会发布了《高等学校计算机科学与技术专业发展战略研究报告暨专业规范》(以下简称《规范》),第一次全面地总结了我国计算机科学与技术专业的发展历程,探索了计算机科学与技术专业发展战略,明确提出了按照研究型、工程型、应用型"分类培养计算机类专业人才"的指导思想,并按照计算机科学、计算机工程、软件工程、信息技术4个方向给出了不同方向、不同类型人才培养的基本规范。该规范还被教育部作为所有专业类教指委制订专业规范的范例。

以《规范》为基础,教育部高等学校计算机类专业教学指导委员会后来陆续推出了计算机类其他专业乃至专业方向的规范,并进行了大量的宣传推广工作和试点工作,为我国计算机类专业的人才培养做出了重要贡献。2018年3月,教育部发布了我国第一部《普通高等学校本科专业类教学质量国家标准》,其中包括《计算机类专业教学质量国家标准》,标志着我国的计算机类专业教育进入到依据国家标准开展人才培养的阶段。

2017年以后,教育部开始推动新工科教育。计算机专业教育处于新工科建设的核心位置,既是带动各类工科实现跨越式发展的关键技术,又是对教育模式和形态进行创新的重要手段。从2018年开始,各高校陆续开办了人工智能、服务科学与工程、虚拟现实技术、区块链工程等新兴专业,这些专业瞄准社会经济发展的趋势,关注技术发展的核心问题和重大领域,主动布局信息领域未来战略人才的培养,在办学理念和模式上,从学科导向转向产业需求导向、从专业分割转向跨界交叉融合、从独立闭门式办学转向依托社会和企业的合作办学,是我国计算机专业设置以社会需求为导向的重大变化。

7.2 计算思维

所谓数据素养,是指具备数据意识和数据敏感性,能够有效且恰当地获取、分析、处理、利用和展现数据,是对统计素养、媒介素养和信息素养的一种延伸和扩展。可以从5个维度来思考数据素养,即对数据的敏感性;数据的收集能力;数据的分析、处理能力;利用数据进行决策的能力;对数据的批判性思维。

第一次明确使用"计算思维"这一概念的是美国卡内基·梅隆大学计算机科学系主任周以真教授。2006年3月,周以真教授在美国计算机权威期刊《ACM通讯》上给出并定义了计算思维。

7.2.1 计算思维的概念

周以真教授认为:计算思维是运用计算机科学的基础概念进行问题求解、系统设计以及人类行为理解等涵盖计算机科学之广度的一系列思维活动。

为了让人们更易于理解,周以真教授又将它进一步定义为:通过约简、嵌入、转化和仿真等方法,把一个看来困难的问题重新阐释成一个我们知道问题怎样解决的方法;是一种递归思维、并行处理,把代码译成数据,又能把数据译成代码的方法,是一种多维分析推广的类型检查方法;是一种采用抽象和分解来控制庞杂的任务或进行巨大复杂系统设计的方法,是基于关注分离的方法,即在系统中为达到目的而对软件元素进行划分与对比,通过适当的关注分离,将复杂的东西变成可管理的。计算思维也是一种选择合适的方式去陈述一个问题,或对一个问题的相关方面建模,使其易于处理的思维方法;是按照预防、保护及通过冗余、容错、纠错的方式,并从最坏情况进行系统恢复的一种思维方法;是利用启发式推理寻求解答,也即在不确定情况下的规划、学习和调度的思维方法;是利用海量数据来加快计算,在时间和空间之间,在处理能力和存储容量之间进行折中的思维方法。

计算思维吸取了问题解决所采用的一般数学思维方法,现实世界中巨大复杂系统的设计与评估的一般工程思维方法,以及复杂性、智能、心理、人类行为的理解等的一般科学思维方法。

计算思维建立在计算过程的能力和限制之上。计算方法和模型使我们敢于去处理那些原本无法由个人独立完成的问题求解和系统设计。计算思维直面机器智能的不解之谜:什么人类比计算机做得好?什么计算机比人类做得好?最基本的问题是:什么是可计算的?

计算思维最根本的内容,即其本质是抽象和自动化。计算思维中的抽象完全超越物理的时空观,并完全用符号来表示,其中,数字抽象只是一类特例。

与数学和物理科学相比,计算思维中的抽象显得更为丰富,也更为复杂。数学抽象的最大特点是抛开现实事物的物理、化学和生物学等特性,而仅保留其量的关系和空间的形式,而计算思维中的抽象却不仅仅如此。

7.2.2 计算思维的作用

计算思维(图 7-5)是每个人的基本技能,在培养学生的解析能力时,不仅要求其掌握阅读、写作和算术,还要学会计算思维。正如印刷出版促进了 3R(Reading,wRiting and aRithmetic,阅读、写作和算术)的普及,计算和计算机也以类似的正反馈促进了计算思维的传播。

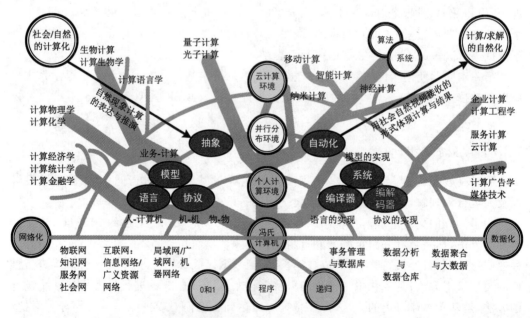

图 7-5 计算之树:计算思维教育空间

当必须求解一个特定问题时,首先会问:解决这个问题有多么困难?怎样才是最佳的解决方法?计算机科学根据坚实的理论基础来准确地回答这些问题。表述问题的难度就是工具的基本能力,必须考虑的因素包括机器的指令系统、资源约束和操作环境。

为了有效地求解一个问题,可能要进一步问:一个近似解是否就够了,是否可以利用一下随机化,以及是否允许误报和漏报。计算思维就是通过约简、嵌入、转化和仿真等方法,把一个看来困难的问题重新阐释成一个知道怎样解决的问题。

计算思维是一种递归思维,它是并行处理,它把代码译成数据,又把数据译成代码。它是由广义量纲分析进行的类型检查。对于别名或赋予人与物多个名字的做法,它既知道其益处,又了解其害处。对于间接寻址和程序调用的方法,它既知道其威力,又了解其代价。它评价一个程序时,不仅仅根据其准确性和效率,还有美学的考量,而对于系统的设计,还考虑简洁和优雅。

计算思维通过抽象和分解来迎接庞杂的任务,或者设计巨大复杂的系统。它关注的是分离,选择合适的方式陈述一个问题,或者选择合适的方式对一个问题的相关方面建模,使其易于处理。它是利用不变量简明扼要且表述性地刻画系统的行为。它使人们在不必理解每一个细节的情况下就能够安全地使用、调整和影响一个大型复杂系统的信息。它就是为预期的未来应用而进行的预取和缓存。

计算思维是按照预防、保护及通过冗余、容错、纠错的方式,从最坏情形恢复的一种思维。它称堵塞为"死锁",称约定为"界面"。计算思维就是学习在同步相互汇合时如何避免"竞争条件"(也称"竞态条件")的情形。

计算思维利用启发式推理来寻求解答,就是在不确定情况下的规划、学习和调度。它就是搜索,搜索,再搜索,结果是一系列的网页、一个赢得游戏的策略,或者一个反例。计算思维利用海量数据来加快计算,在时间和空间之间、在处理能力和存储容量之间进行权衡。

计算思维将渗透到每个人的生活之中,到那时,诸如算法和前提条件这些词汇将成为每个人日常语言的一部分,对"非确定论"和"垃圾收集"这些词的理解会和计算机科学里的含义趋近,而树也常常被倒过来画了。

人们已经见证了计算思维在其他学科中的影响。例如,机器学习改变了统计学。就数学尺度和维数而言,统计学习用于各类问题的规模仅在几年前还是不可想象的。各种组织的统计部门都聘请了计算机科学家。计算机院系正在与统计学系联姻。

计算机科学家们对生物科学越来越感兴趣,因为他们坚信生物学家能够从计算思维中获益。计算机科学对生物学的贡献决不限于其能够在海量序列数据中搜索寻找模式规律的本领。最终希望是数据结构和算法(我们自身的计算抽象和方法)能够以其体现自身功能的方式来表示蛋白质的结构。计算生物学正在改变着生物学家的思考方式。类似地,计算博弈理论正改变着经济学家的思考方式,纳米计算改变着化学家的思考方式,量子计算改变着物理学家的思考方式。

这种思维将成为每个人的技能组合成分,而不仅仅限于科学家。普适计算之于今天就如计算思维之于明天。普适计算是已成为今日现实的昨日之梦,而计算思维就是明日现实。

7.2.3 计算思维的特点

计算思维有以下特点。

(1) 概念化,不是程序化。计算机科学不是计算机编程。像计算机科学家那样思维,意味着远不止能为计算机编程,还要求能够在抽象的多个层次上思维。

许多人将计算机科学等同于计算机编程。许多人为主修计算机科学的学生们看到的只是一个狭窄的就业范围。许多人认为计算机科学的基础研究已经完成,剩下的只是工程问题。当我们行动起来去改变这一领域的社会形象时,计算思维就是一个引导着计算机教育家、研究者和实践者的宏大愿景。

(2) 根本的,不是刻板的技能。根本技能是每一个人为了在现代社会中发挥职能所必须掌握的。刻板技能意味着机械地重复。具有讽刺意味的是,当计算机像人类一样思考之后,思维可就真的变成机械的了。

(3) 是人的思维方式,不是计算机的。计算思维是人类求解问题的一条途径,但决非要使人类像计算机那样思考。计算机枯燥且沉闷,人类聪颖且富有想象力。是人类赋予计算机激情。配置了计算设备,就能用自己的智慧去解决那些在计算时代之前不敢尝试的问题,实现"只有想不到,没有做不到"的境界。

(4) 数学和工程思维的互补与融合。计算机科学在本质上源自数学思维,因为像所有的科学一样,其形式化基础建筑于数学之上。计算机科学从本质上源自工程思维,因为人们建造的是能够与实际世界互动的系统,基本计算设备的限制迫使计算机学家必须计算性地思考,不能只是数学性地思考。构建虚拟世界的自由使人们能够设计超越物理世界的各种系统。

(5) 是思想,不是人造物。不只是生产的软件、硬件等人造物将以物理形式到处呈现,并时时刻刻触及人们的生活,更重要的是还将有人们用以接近和求解问题、管理日常生活、与他人交流和互动的计算概念;而且,面向所有的人和所有地方。当计算思维(图7-6)真正融入人类活动的整体,以致不再表现为一种显式之哲学的时候,它就将成为一种现实。

图 7-6　计算思维

因此，特别需要向人们传送以下两个主要信息。

（1）智力上的挑战和引人入胜的科学问题依旧亟待理解和解决。这些问题和解答仅仅受限于我们自己的好奇心和创造力。一个人可以主修英语或者数学，接着从事各种各样的职业。计算机科学也一样。一个人可以主修计算机科学，接着从事医学、法律、商业、政治以及任何类型的科学和工程，甚至艺术工作。

（2）应该让"怎么像计算机科学家一样思维"这样的课程面向所有专业，而不仅仅是计算机科学专业的学生。应当使广大学生接触计算的方法和模型，设法激发公众对计算机领域科学探索的兴趣。应当传播计算机科学的快乐、崇高和力量，致力于使计算思维成为常识。

7.3 数据工程师的社会责任

计算机、网络、大数据和人工智能技术正在使世界经历一场巨大的变革，这种变革不但体现在人们的日常工作和生活中，而且深刻地反映在社会经济、文化等各方面。例如，网络信息的膨胀正在逐步瓦解信息集中控制的现状；与传统的通信方式相比，计算机通信更有利于不同性别、种族、文化和语言的人们之间的交流，更有助于减少交流中的偏见和误解。

随着整个社会对计算机技术的依赖性不断增加，由计算机系统故障和软件质量问题带来的损失和浪费是惊人的。如何提高和保证计算机系统及计算机软件的可靠性，一直是科研工作者的研究课题，我们可以将其称为一种客观的手段或保障措施。而如何减少计算机从业者主观（如疏忽大意）所导致的问题，则只能由从业者自我监督和约束。

7.3.1 职业化和道德责任

"职业化"通常也被称为"职业特性""职业作风""专业精神"等，应该视为从业人员、职业团体及其服务对象——公众之间的三方关系准则。该准则是从事某一职业，并得以生存和发展的必要条件。实际上，该准则隐含地为从业人员、职业团体（由雇主作为代表）和公众（或社会）拟订了一个三方协议，其中规定的各方的需求、期望和责任就构成了职业化的基本内涵。如从业人员希望职业团体能够抵制来自社会的不合理要求，能够对职业目标、指导方针和技能要求不断进行检查、评价和更新，从而保持该职业的吸引力；反之，职业团体也对从业人员提出了要求，要求从业人员具有与职业理想相称的价值观念，具有足够的、完成规定服务所要求的知识和技能。类似地，社会对职业团体以及职业团体对社会都具有一定的期望和需求。任何领域提供的任何一项专业服务都应该达到三方的满意，至少能够使三方彼此接受对方。

"职业化"是适用于所有职业的一个总的原则性协议，但具体到某一个行业时，还应考虑其自身特殊的要求。虽然职业道德规范没有法律法规所具有的强制性，但遵守这些规范对行业的健康发展是至关重要的。

道德准则被设计来帮助计算机专业人士决定其有关道德问题的判断。许多专业机构

(诸如美国计算机协会、英国计算机协会、澳大利亚计算机协会以及美国计算机伦理研究所等)都颁布了道德准则,每种准则在细节上存在着差别,为专业人士行为提供了整体指南准则。

计算机伦理研究所颁布的最短准则如下。

(1) 不要使用计算机来伤害他人。
(2) 不要干扰他人的计算机工作。
(3) 不要监控他人的文件。
(4) 不要使用计算机来偷窃。
(5) 不要使用计算机来提供假证词。
(6) 不要使用或复制你没有付费的软件。
(7) 不要在没有获得允许的情况下使用他人的计算机资源。
(8) 不要盗用他人的智能成果。
(9) 应该考虑到自己所编写程序的社会后果。
(10) 使用计算机时应该体现出对信息的尊重。

7.3.2 ACM职业道德责任

在计算机日益成为各个领域及各项社会事务中心角色的今天,那些直接或间接从事软件设计和软件开发的人员有着既可从善也可从恶的极大机会,同时还可影响周围其他从事该职业的人的行为。为保证其尽量发挥有益的作用,就必须要求软件工程师致力于使软件工程成为一个有益的和受人尊敬的职业。

美国计算机协会(ACM)为专业人士行为制订的道德准则包含21条,包括"美国计算机协会成员必须遵守现有的本地、州、地区、国家以及国际法律,除非有明确准则要求不必这样做。"ACM制定的一般道德规则包括:为社会和人类做贡献;避免伤害他人;诚实可靠;公正且不采取歧视行为;尊重财产权(包括版权和专利权);尊重知识产权;尊重他人的隐私,保守机密;等等。针对计算机专业人员,具体的行为规范还包括以下部分:

- 不论专业工作的过程还是其产品,都努力实现最高品质、效能和规格。
- 主动获得并保持专业能力。
- 熟悉并遵守与业务有关的现有法规。
- 接受并提供适当的专业化评判。
- 对计算机系统及其效果做出全面彻底的评估,包括可能存在的风险。
- 重视合同、协议以及被分配的任务。
- 促进公众对计算机技术及其影响的了解。
- 只在经过授权后使用计算机及通信资源。

1998年,IEEE-CS和ACM联合特别工作组在对多个计算学科和工程学科规范进行广泛研究的基础上,制订了软件工程师职业化的一个关键规范《软件工程资格和专业规范》。该规范不代表立法,它只是向实践者指明社会期望他们达到的标准,以及同行们的共同追求和相互的期望。该规范要求软件工程师坚持以下8项道德规范。

原则1:公众。 从职业角色来说,软件工程师应当始终关注公众的利益,按照与公众的安全、健康和幸福相一致的方式发挥作用。

原则2：客户和雇主。软件工程师应当有一个认知,什么是其客户和雇主的最大利益。他们应该总是以职业的方式担当他们的客户或雇主的忠实代理人和委托人。

原则3：产品。软件工程师应当尽可能地确保他们开发的软件对于公众、雇主、客户以及用户是有用的,在质量上是可接受的,在时间上要按期完成,并且费用合理,同时没有错误。

原则4：判断。软件工程师应当完全坚持自己独立自主的专业判断,并维护其判断的声誉。

原则5：管理。软件工程的管理者和领导应当通过规范的方法赞成和促进软件管理的发展与维护,并鼓励他们所领导的人员履行个人和集体的义务。

原则6：职业。软件工程师应该提高他们职业的正直性和声誉,并与公众的兴趣保持一致。

原则7：同事。软件工程师应该公平合理地对待他们的同事,并应该采取积极的步骤支持社团的活动。

原则8：自身。软件工程师应当在他们的整个职业生涯中积极参与有关职业规范的学习,努力提高从事自己的职业所应该具有的能力,以推进职业规范的发展。

7.3.3 软件工程师道德基础

在软件开发的过程中,软件工程师及工程管理人员不可避免地会在某些与工程相关的事务上产生冲突。软件工程师(图7-7)应该以符合道德的方式减少和妥善地处理这些冲突。

图7-7 软件工程师

1996年11月,IEEE道德规范委员会制定并批准了《工程师基于道德基础提出异议的指导方针》,提出了以下9条指导方针。

(1) 确立清晰的技术基础。尽量弄清事实,充分理解技术上的不同观点,而且一旦证实对方的观点是正确的,就要毫不犹豫地接受。

(2) 使自己的观点具有较高的职业水准,尽量使其客观和不带有个人感情色彩,避免涉及无关的事务和感情冲动。

(3) 及早发现问题,尽量在最底层的管理部门解决问题。

(4)在因为某事务而决定单干之前,要确保该事务足够重要,值得为此冒险。

(5)利用组织的争端裁决机制解决问题。

(6)保留记录,收集文件。当认识到自己处境严峻的时候,应着手制作日志,记录自己采取的每一项措施及其时间,并备份重要文件,防止突发事件。

(7)辞职。当在组织内无法化解冲突的时候,要考虑自己是去还是留。选择辞职既有好处也有缺点,做出决定之前要慎重考虑。

(8)匿名。工程师在认识到组织内部存在严重危害,而且公开提请组织的注意可能会招致有关人员超出其限度的强烈反应时,对该问题的反映可以考虑采用匿名报告的形式。

(9)外部介入。组织内部化解冲突的努力失败后,如果工程人员决定让外界人员或机构介入该事件,那么不管他是否决定辞职,都必须认真考虑让谁介入。可能的选择有:执法机关、政府官员、立法人员或公共利益组织等。

7.4 数据科学的职业技能

数据科学(图 7-8)是一个交叉学科,它结合了统计学、数据分析、机器学习及其相关方法,旨在利用数据对实际现象进行"理解和分析",获取数据背后的深刻见解,然后利用这些知识指引方向,帮助数据的所有者做出正确的决策。简单地说,数据科学是一门将数据变得有用的学科。

图 7-8 数据科学的职业

随着科技的发展,社会拥有的数据规模增长很快,每时每刻都有大量数据被产生和存储下来。数据量的增大和数据的多样化也促进了很多公司进行数据分析来支持商务决策。比如在线电商网站,如天猫、亚马逊会根据你的网页浏览记录给你推荐商品,并且调整产品显示顺序,流媒体播放平台奈飞会分析客户看影视作品的历史记录,来推荐最合适的电影,抖音等短视频软件会根据用户实时的行为来实现下一个视频推荐等。数据科学要解决的核心问题就是对大量复杂的数据进行处理,从而提取有意义的信息来指导对应的商业决策。

7.4.1　数据科学的职位

一般来说,数据科学的职位方向有下面4种。

(1) 数据分析师。这个职位对建模能力要求较低,比较适合刚接触数据科学或转专业换背景的人员。工作内容偏向于结合数据分析实际商业问题,并将分析结果转化为切实可行的商业方案,比如定义评价指标、为产品方向提意见等。

岗位所用的工具一般比较基础,核心是用SQL、NoSQL来获取整理数据,用R/Python作简单的分析,用Tableau/Excel作图,在统计和模型方面,懂得基本的回归预测模型即可满足大部分要求。

(2) 数据科学家。工作内容主要以建模为主,与数据分析师相比,对编程能力要求较高,不仅需要熟练的SQL、NoSQL技能,还对Python/R等编程有较高要求。

除了要求基础的统计知识,对机器学习的能力也有需求。数据科学家一般能独立地完成数据科学分析问题,所以还需要对用数据科学解决问题的流程和方法十分了解,懂得如何将复杂的商业问题转化为统计和机器学习可以解决的问题,然后据此设计技术方案,比如各种定价系统、金融行业的欺诈识别、电商的推荐系统等。

数据科学家一般会有不同的领域之分,不同领域也有一定自身领域知识的要求,比如产品、内容、市场、用户等。

(3) 数据工程师。类似于软件工程师,但主要围绕大数据领域的工程问题。这个岗位对编程技术含量要求相对较高,工作内容主要是开发大数据的ETL(提取、转换、存储)管道来处理数据。除此之外,对于大数据的生态系统及对应工具(如Hadoop、Spark、MapReduce、Splunk、Hive等),也需要有较好的了解与实践经验。

(4) 机器学习科学家。类似于增强版的偏向于研究方向的数据科学家,对研究探索能力有较高要求,可能需要解决一些不存在现成方法的问题,或者是需要前沿技术的问题,能独立确定可行方向或者研究计划。这些岗位一般更多的是面向有经验的面试者开放。

数据科学的岗位有以下优点:

- 需求量非常可观,求职机会多。在全球范围内,作为领英上增长最快的工作,预计到2026年,该方向将创造1150万个数据科学岗位。数据科学是收入最高的行业之一。
- 全面提升硬实力。数据科学的工作需要强大的数学统计知识以及编程技巧,掌握这些技能为个人成长,以及职业发展都打下了坚实的基础。
- 工作内容有成就感。数据科学帮助各个行业实现冗余任务的自动化,帮助公司做出基于数据理论的明智决策。各行各业的公司都会依赖数据科学为自身或者客户提供帮助,这让数据科学家在公司中享有重要的地位。

数据科学领域常见的公司大致可以分为上市公司、独角兽公司、金融/咨询公司等。

7.4.2　数据科学的重要技能

通常,数据科学的实践需要3个一般领域的技能,即商业洞察、计算机技术/编程和统计学/数学。而另一方面,不同的工作对象,他的具体技能集合会有所不同。为探索数据科学家应该具有的职业技能,多个研究项目展开,综合得出数据科学从业人员相关的 25 项技能(表 7-1)。

表 7-1 数据科学中的 25 项技能

技能领域	技能详情
商业	1. 产品设计和开发 2. 项目管理 3. 商业开发 4. 预算 5. 管理和兼容性(如安全性)
技术	6. 处理非结构化数据(如 NoSQL) 7. 管理结构化数据(如 SQL、JSON、XML) 8. 自然语言处理(NLP)和文本挖掘 9. 机器学习(如决策树、神经网络、支持向量机、聚类) 10. 大数据和分布式数据(如 Hadoop、Map/Reduce、Spark)
数学 & 建模	11. 最优化(如线性、整数、凸优化、全局) 12. 数学(如线性代数、实变分析、微积分) 13. 图模型(如社会网络) 14. 算法(如计算复杂性、计算科学理论)和仿真(如离散、基于 Agent、连续) 15. 贝叶斯统计(如马尔可夫链蒙特卡罗方法)
编程	16. 系统管理(如 UNIX)和设计 17. 数据库管理(如 MySQL、NoSQL) 18. 云管理 19. 后端编程(如 Java/Rails/Objective C) 20. 前端编程(如 JavaScript、HTML、CSS)
统计	21. 数据管理(如重编码、去重复项、整合单个数据源、网络抓取) 22. 数据挖掘(如 R、Python、SPSS、SAS)和可视化(如图形、地图、基于 Web 的数据可视化)工具 23. 统计学和统计建模(如一般线性模型、时空数据分析、地理信息系统) 24. 科学/科学方法(如实验设计、研究设计) 25. 沟通(如分享结果、写作/发表、展示、博客)

* 可以使用这样的量表:不知道(0)、略知(20)、新手(40)、熟练(60)、非常熟练(80)、专家(100)来衡量对上述 25 项技能的熟悉程度。

表 7-1 列出的 25 项技能反映了通常与数据科学家相关的技能集合。在针对数据科学家的调查中,调查者要求数据专业人员指出他们在 25 项不同数据科学技能上的熟练程度。

研究中,选择"中等了解"水平作为数据专业人员拥有该技能的标准。"中等了解"说明一个数据专业人员能够按照要求完成任务,并且通常不需要他人的帮助。一项基于 620 名数据专业人士的调查样本数如下:商业经理 = 250;开发人员 = 222;创意人员 = 221;专业研究人员 = 353。

以拥有该技能的数据专业人员百分比对表 7-1 的 25 项技能进行排序。分析表明,所有数据专业人员中最常见的数据科学10大技能如下：

统计—沟通(87%)。

技术—处理结构化数据(75%)。

数学&建模—数学(71%)。

商业—项目管理(71%)。

统计—数据挖掘和可视化工具(71%)。

统计—科学/科学方法(65%)。

统计—数据管理(65%)。

商业—产品设计和开发(59%)。

统计—统计学和统计建模(59%)。

商业—商业开发(53%)。

许多重要的数据科学技能都属于统计领域：在所有的5项中，与统计相关的技能都出现在前10项中，包括沟通、数据挖掘和可视化工具、科学/科学方法以及统计学和统计建模。另外，与商业洞察力相关的三项技能出现在前10项中，包括项目管理、产品设计以及开发；而编程技能没有出现在前10项中。

7.4.3 技能的职业角色区分

按不同的职业角色(商业经理、开发人员、创意人员、研究人员)来看看他们的十大技能。分析中指出了对于每个职业角色的数据专业人士所拥有每项技能的频率。可以看到，一些重要数据科学技能在不同角色中是通用的。这包括沟通、管理结构化数据、数学、项目管理、数据挖掘和可视化工具、数据管理以及产品设计和开发。然而，除了这些相似之处，还有相当大的差异。

(1) 商业经理。

那些认为自己是商业经理(尤其是领导者、商务人士和企业家)的数据专业人士中的十大数据科学技能如下：

统计—沟通(91%)。

商业—项目管理(86%)。

商业—商业开发(77%)。

技术—处理结构化数据(74%)。

商业—预算(71%)。

商业—产品设计和开发(70%)。

数学&建模—数学(65%)。

统计—数据管理(64%)。

统计—数据挖掘和可视化工具(64%)。

商业—管理和兼容性(61%)。

只与商业经理相关的重要技能，毫无疑问是商业领域的。这些技能包括商业开发、预算以及管理和兼容性。

(2) 开发人员。

那些认为自己是开发工作者(尤其是开发者和工程师)的数据专业人士中的十大数据科学技能如下:

技术—管理结构化数据(91%)。

统计—沟通(85%)。

统计—数据挖掘和可视化工具(76%)。

商业—产品设计(75%)。

数学 & 建模—数学(75%)。

统计—数据管理(75%)。

商业—项目管理(74%)。

编程—数据库管理(73%)。

编程—后端编程(70%)。

编程—系统管理(65%)。

只与开发者相关的技能是技术和编程。这些重要的技能包括后端编程、系统管理以及数据库管理。虽然这些数据专业人员具备这些技能,但是他们中只有少数人拥有那些在大数据世界中很重要的、更加技术化、更加依赖编程的技能。例如,少于一半人掌握云管理(42%)、大数据和分布式数据(48%)和NLP以及文本挖掘(42%)。

(3) 创意人员。

那些认为自己是创意工作者(尤其是艺术家和黑客)的数据专业人士中的十大数据科学技能如下:

统计—沟通(87%)。

技术—处理结构化数据(79%)。

商业—项目管理(77%)。

统计—数据挖掘和可视化工具(77%)。

数学 & 建模—数学(75%)。

商业—产品设计和开发(68%)。

统计—科学/科学方法(68%)。

统计—数据管理(67%)。

统计—统计学和统计建模(63%)。

商业—商业开发(58%)。

这里并没有指出针对创意人员的重要技能。事实上,他们的重要数据科学技能列表与研究者紧密匹配,10项中有8项一致。

(4) 研究人员。

那些认为自己是研究工作者(尤其是研究员、科学家和统计学家)的数据专业人士中的十大数据科学技能如下:

统计—沟通(90%)。

统计—数据挖掘和可视化工具(81%)。

数学 & 建模—数学(80%)。

统计—科学/科学方法(78%)。
统计—统计学和统计建模(75%)。
技术—处理结构化数据(73%)。
统计—数据管理(69%)。
商业—项目管理(68%)。
技术—机器学习(58%)。
数学—最优化(56%)。

研究人员的重要数据科学技能主要在统计领域。另外,只在研究工作者上体现的重要数据科学技能是高度定量性质,包括机器学习和最优化。

上述研究所列举的重要数据科学技能取决于你正在考虑成为哪种类型的数据科学家。虽然一些技能看起来在不同专业人士间通用(尤其是沟通、处理结构化数据、数学、项目管理、数据挖掘和可视化工具、数据管理以及产品设计和开发),但是其他数据科学技能对特定领域也有独特之处。开发人员的重要技能包含编程技能,研究人员则包含数学相关的技能。当然,商业经理的重要技能包含商业相关的技能。

这些结果对数据专业人员感兴趣的领域和他们的招聘者及组织都有影响。数据专业人员可以使用结果来了解不同类型工作需要具备的技能种类。如果你有较强的统计能力,可能会寻找一个有较强研究成分的工作。了解你的技能就可以找到那些对应的工作。

作 业

1. 所谓"计算思维",是运用(　　)的基础概念进行问题求解、系统设计以及人类行为理解等涵盖计算机科学之广度的一系列思维活动。

　　A. 算术与微积分　　B. 计算机科学　　C. 工程科学　　D. 算法分析

2. 美国计算机协会(ACM)为专业人士行为制订了道德准则,要求软件工程师应该坚持8项道德规范,但其中不包括(　　)。

　　A. 软件工程师应当始终关注公众的利益,按照与公众的安全、健康和幸福相一致的方式发挥作用

　　B. 即使在与现行法律相左的情况下,软件工程师也应该坚持维护雇主的最大利益

　　C. 软件工程师应当尽可能地确保他们开发的软件对于公众、雇主、客户以及用户是有用的,在质量上是可接受的,在时间上要按期完成,并且费用合理,同时没有错误

　　D. 软件工程师应当在他们的整个职业生涯中积极参与有关职业规范的学习,努力提高从事自己的职业所应该具有的能力,以推进职业规范的发展

3. 为了减少和妥善地处理冲突,IEEE道德规范委员会制定并批准了《工程师基于道德基础提出异议的指导方针》,提出了9条指导方针。但是,(　　)不在这9条中。

　　A. 确立清晰的技术基础:尽量弄清事实,充分理解技术上的不同观点,而且一旦证实对方的观点是正确的,就要毫不犹豫地接受

　　B. 使自己的观点具有较高的职业水准,尽量使其客观和不带有个人感情色彩,避

免涉及无关的事务和感情冲动
C. 及早发现问题,尽量向管理高层反映情况,以求问题的及时解决
D. 利用组织的争端裁决机制解决问题

4. 在CC2020之前,由ACM和IEEE-CS联合组织全球20个国家的50位相关领域计算机教育专家共同制定的国际计算课程体系规范已历经( )3个重要版本,是国内外一流计算机专业制定课程体系时的重要指导。

① CC2010　　　② CC1991　　　③ CC2001　　　④ CC2005
A. ②③④　　　B. ①②③　　　C. ①③④　　　D. ①②④

5. CC2020采用"( )"一词作为计算机工程、计算机科学和信息技术等所有计算机领域的统一术语。

A. 数字　　　B. 信息　　　C. 计算机　　　D. 计算

6. CC2020采用"( )"、融合知识、技能和品行3方面的综合能力培养,加强了对职业素养、团队精神等方面的要求。

A. 竞争力　　　B. 胜任力　　　C. 能力　　　D. 算力

7. ( )对应胜任力的"了解"维度,是对事实的理解。在CC2020的报告中,知识被分为计算知识和基础专业知识两个维度。

A. 技能　　　B. 品行　　　C. 知识　　　D. 素养

8. ( )是指应用知识主动完成任务的能力和策略,表达了知识的应用,是胜任力的"诀窍"维度,又分为认知技能和专业技能。

A. 技能　　　B. 品行　　　C. 知识　　　D. 素养

9. ( )构成胜任力的"知道为什么"维度,并规定任务执行的必要特征或质量。品行包含了社交情感技能、行为和态度,这些都是表征执行任务的倾向。

A. 技能　　　B. 品行　　　C. 知识　　　D. 素养

10. ( )是一个交叉学科,它结合了统计学、数据分析、机器学习及其相关方法,旨在利用数据对实际现象进行"理解和分析",获取数据背后的深刻见解,然后利用这些知识指引方向,帮助数据的所有者做出正确的决策。

A. 数学学科　　　B. 计算科学　　　C. 数据科学　　　D. 信息技术

11. 一般来说,除了数据科学家,数据科学的职位方向还有( )三种。

① 数据分析师　　　　　　② 数学培训师
③ 数据工程师　　　　　　④ 机器学习科学家
A. ①②③　　　B. ①②④　　　C. ②③④　　　D. ①③④

12. 通常,数据科学的实践需要3个一般领域的技能,( )不是其中之一。

A. 商业洞察　　　　　　B. 计算机技术/编程
C. 博弈论和决策论　　　D. 统计学/数学

13. 在数据科学领域中,开发人员的重要技能包含( )相关的技能,研究人员则包含( )相关的技能,当然,商业经理的重要技能包含( )相关的技能。

A. 硬件、电子、管理　　　B. 工程、物理、运筹学
C. 编程、电子、运筹学　　D. 编程、数学、商业

14. 工具本身是不可能让数据产生价值的。事实上,我们还需要能够运用这些工具的专门人才,即( ),他们能够从堆积如山的大量数据中找到金矿,并将数据的价值以易懂的形式传达给决策者,最终得以在业务上实现。

    A. 数据科学家   B. 高级程序员   C. 软件工程师   D. 网络工程师

15. 大数据的出现催生了新的数据生态系统,但( )不属于提供有效数据服务的典型人才。

    A. 深度分析人才   B. 数据理解专业人员

    C. 网络维护资深工程师   D. 技术和数据的使能者

16. ( )不是数据科学家的关键活动。

    A. 将商业挑战构建成数据分析问题

    B. 对计算机应用项目进行深度盈利分析

    C. 在大数据上设计、实现和部署统计模型和数据挖掘方法

    D. 获取有助于引领可操作建议的洞察力

17. 数据科学家这一职业大体上是指这样的人才:运用( )等技术,从大量数据中提取出对业务有意义的信息,以易懂的形式传达给决策者,并创造出新的数据运用服务的人才。

    ① 艺术抽象   ② 统计分析   ③ 机器学习   ④ 分布式处理

    A. ②③④   B. ①②③   C. ①②④   D. ①③④

18. 数据科学家需要具备很多优秀素质,但( )不属于这方面。

    A. 沟通能力   B. 创业精神   C. 娱乐心   D. 好奇心

19. 2017年以后,教育部开始推动新工科教育。计算机专业教育处于新工科建设的( )位置,既是带动各类工科实现跨越式发展的关键技术,又是对教育模式和形态进行创新的重要手段。

    A. 附属   B. 核心   C. 协同   D. 成员

20. 所谓( ),是指具备数据意识和数据敏感性,能够有效且恰当地获取、分析、处理、利用和展现数据。

    A. 统计   B. 媒介   C. 信息   D. 数据素养

【研究性学习】 了解数据科学,熟悉数据科学职业

1. 实验目的

(1) 了解新兴学科——数据科学的基础知识和主要内容。

(2) 熟悉计算思维和数据工程师的社会责任。

(3) 熟悉数据科学家的技能要求、素质要求、知识结构和培养途径。

2. 工具/准备工作

在开始本实验之前,请认真阅读课程的相关内容。

需要准备一台带有浏览器且能访问因特网的计算机。

3. 实验内容与步骤

（1）请结合查阅相关文献资料，为"数据科学"给出一个权威性的定义。
答：_____
_____
_____

这个定义的来源是：_____
（2）请结合查阅相关文献资料，结合你的认识，为"数据科学家"提出一个定义。
答：_____
_____
_____
_____

（3）请结合查阅相关文献资料，简述数据科学家需要具备的技能。
答：_____
_____
_____
_____

（4）请结合查阅相关文献资料，简述数据科学家需要具备的素质。
答：_____
_____
_____
_____

（5）数据科学技能自我评估
请记录：你认为自己更接近于下列哪种职业角色：
☐商业经理　☐开发人员　☐创意人员　☐研究人员
参考表 7-1，根据表 7-2 所列举的 25 项数据科学技能，客观地给自己作一个评估，使用这样的量表：不知道、略知、新手、熟练、非常熟练和专家。请在表 7-2 的对应栏目中合适的项下打"√"。

4. 实验总结
_____
_____
_____

5. 实验评价（教师）
_____
_____

表 7-2 数据科学中的 25 项技能自我评估

技能领域	技能详情	评估结果					
		专家	非常熟练	熟练	新手	略知	不知道
商业	1. 产品设计和开发						
	2. 项目管理						
	3. 商业开发						
	4. 预算						
	5. 管理和兼容性						
技术	6. 处理非结构化数据						
	7. 管理结构化数据						
	8. 自然语言处理(NLP)和文本挖掘						
	9. 机器学习						
	10. 大数据和分布式数据						
数学&建模	11. 最优化						
	12. 数学						
	13. 图模型						
	14. 算法和仿真						
	15. 贝叶斯统计						
编程	16. 系统管理和设计						
	17. 数据库管理						
	18. 云管理						
	19. 后端编程						
	20. 前端编程						
统计	21. 数据管理						
	22. 数据挖掘和可视化工具						
	23. 统计学和统计建模						
	24. 科学/科学方法						
	25. 沟通						

说明：不知道(0)、略知(20)、新手(40)、熟练(60)、非常熟练(80)、专家(100)。你的评估总分是：_____ 分。

大数据安全与法律

【导读案例】 为公共数据立法,促进数据依法开放共享

2022年1月24日,《浙江省公共数据条例》(以下简称《条例》)在杭州发布,浙江省人大法制委员会副主任委员尹林介绍,为夯实数字化改革底座,促进省域整体智治、高效协同,根据公共数据平台一体化、智能化定位,《条例》要求统筹建设浙江全省一体化数字资源系统,推动公共数据、应用、组件、算力等集约管理,促进数字资源高效配置供给,实现数据"多跨"流通。该《条例》系国内首部以公共数据为主题的地方性法规。

"公共数据主管部门应当依托公共数据管理平台(图8-1)建设建立统一的数据共享、开放通道,公共管理和服务机构应当通过统一通道共享开放数据,不得新建通道。"尹林解释。

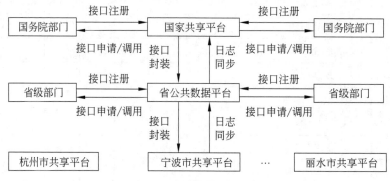

图8-1 公共数据管理平台

在数据收集方面,《条例》要求公共管理和服务机构收集数据时,不得强制要求个人采用多种方式重复验证或特定方式验证。已经通过有效身份证件验明身份的,不得强制通过收集指纹、虹膜、人脸等生物信息重复验证。

《条例》将公共数据共享分为无条件共享、受限共享和不共享三类,明确公共数据以共享为原则、不共享为例外。并根据风险程度,将公共数据分为无条件开放、受限开放、禁止开放三类,明确优先开放与民生紧密相关、社会迫切需要等方面的数据。

"数据安全事关国家安全与经济社会发展,《条例》在上位法基础上确立谁收集谁负责、谁使用谁负责、谁运行谁负责的数据安全责任制。"尹林说。

此外,为充分释放数据红利,培育大数据相关产业,《条例》建立了公共数据授权运营制度,规定政府可以授权符合安全条件的单位运营公共数据,授权运营单位对利用公共数据加工形成的数据产品和服务可以获取合理收益。

据悉,《浙江省公共数据条例》于2022年1月21日经浙江省第十三届人民代表大会第六次会议表决通过,将于3月1日起施行。

阅读上文,请思考、分析并简单记录:

(1) 为什么"公共数据主管部门应当依托公共数据平台建设建立统一的数据共享、开放通道,公共管理和服务机构应当通过统一通道共享开放数据,不得新建通道。"请简单阐述。

答:_____
_____
_____

(2) 据悉,《浙江省公共数据条例》是国内首部以公共数据为主题的地方性法规。请简单阐述:以公共数据为主题的意义是什么?

答:_____
_____
_____

(3) 近年来,国内多地前后出台了多部"数据管理"的地方法规。请通过网络搜索了解更多,并简单记录。

答:_____
_____
_____

(4) 请简单描述你所知道的上一周发生的国际、国内或者身边的大事。

答:_____
_____
_____

8.1 消费者的隐私权

隐私,又称私人生活秘密或私生活秘密(图8-2)。隐私权,即公民享有的个人生活不被干扰的权利和个人资料的支配控制权。具体到计算机网络与电子商务中的隐私权,可从权利形态来分:隐私不被窥视的权利、不被侵入的权利、不被干扰的权利、不被非法收集利用的权利;也可从权利内容上分:个人特质的隐私权(姓名、身份、肖像、声音等),个人资料的隐私权,个人行为的隐私权,通信内容的隐私权和匿名的隐私权等。

图 8-2 个人隐私保护

在西方,人们对权利十分敏感,不尊重甚至侵犯他人的权利被认为是最可耻的。随着我国改革开放和经济的飞速发展,人们也开始逐渐对个人隐私有了保护意识。人们希望属于自己生活秘密的信息由自己来控制,从而避免对自己不利或自己不愿意公布于众的信息被其他个人、组织获取、传播或利用。因此,尊重他人隐私是尊重他人的一个重要方面,隐私保护实际上体现了对个人的尊重。

要在业务中运用大数据,就不可避免地会遇到隐私问题。对 Web 上的用户个人信息、行为记录等进行收集,在未经用户许可的情况下将数据转让给广告商等第三方,这样的经营者现在也不少见,因此,各国都围绕着 Web 上行为记录的收集展开了激烈的讨论与立法。涉及个人及其相关信息的经营者,需要在确定使用目的的基础上事先征得用户同意,并在使用目的发生变化时,以易懂的形式进行告知,这种对透明度的确保今后应该会愈发受到重视。

2010 年 12 月,美国商务部发表了一份题为"互联网经济中的商业数据隐私与创新:动态政策框架"的长达 88 页的报告。这份报告指出,为了对线上个人信息的收集进行规范,需要出台一部"隐私权法案",在隐私问题上对国内外的相关利益方进行协调。受这份报告的影响,2012 年 2 月 23 日,《消费者隐私权法案》正式颁布。在这项法案中,对消费者的权利进行了如下具体的规定。

(1) 个人控制:对于企业可收集哪些个人数据,并如何使用这些数据,消费者拥有控制权。对于消费者和他人共享的个人数据,以及企业如何收集、使用、披露这些数据,企业必须向消费者提供适当的控制手段。为了能够让消费者做出选择,企业需要提供一个可反映企业收集、使用、披露个人数据的规模、范围、敏感性,并可由消费者进行访问且易于使用的机制。

例如,通过收集搜索引擎使用记录、广告浏览记录、社交网络使用记录等数据,就有可能生成包含个人的敏感信息档案。因此,企业需要提供一种简单且醒目的形式,使消费者能够对个人数据的使用和公开范围进行精细控制。此外,企业还必须提供同样的手段,使消费者能够撤销曾经承诺的许可,或者对承诺的范围进行限定。

(2) 透明度:对于隐私权及安全机制的相关信息,消费者拥有知情、访问的权利。前者的价值在于加深消费者对隐私风险的认识,并让风险变得可控。为此,对于所收集的个人数据及其必要性、使用目的、预计删除日期、是否与第三方共享以及共享的目的,企业必须向消费者明确说明。

此外,企业还必须以在消费者实际使用的终端上容易阅读的形式提供关于隐私政策的告知。特别是在移动终端上,由于屏幕尺寸较小,要全文阅读隐私政策几乎是不可能的。因此,必须要考虑移动终端的特点,采取改变显示尺寸、重点提示移动平台特有的隐私风险等方式,对最重要的信息予以显示。

(3) 尊重背景:消费者有权期望企业按照与自己提供数据时的背景相符的形式对个人信息进行收集、使用和披露。这就要求企业在收集个人数据时必须有特定的目的,企业对个人数据的使用必须仅限于该特定目的的范畴,即基于"公平信息行为原则"的声明。

从原则上说,企业在使用个人数据时,应当仅限于与消费者披露个人数据时的背景相符的目的。另一方面,也应该考虑到,在某些情况下,对个人数据的使用和披露可能与当初收集数据时所设想的目的不同,在这样的情况下,必须用比最开始收集数据时更加透明、醒目的方式来将新的目的告知消费者,并由消费者来选择是允许还是拒绝。

(4) 安全:消费者有权要求个人数据得到安全保障且负责任地被使用。企业必须对个人数据相关的隐私及安全风险进行评估,并对数据遗失、非法访问和使用、损坏、篡改、不合适的披露等风险维持可控、合理的防御手段。

(5) 访问与准确性:当出于数据敏感性因素,或者当数据不准确可能对消费者带来不良影响时,消费者有权以适当方式对数据进行访问,以及提出修正、删除、限制使用等要求。企业在确定消费者对数据的访问、修正、删除等手段时,需要考虑所收集的个人数据的规模、范围、敏感性,以及对消费者造成经济上、物理上损害的可能性等。

(6) 限定范围收集:对于企业所收集和持有的个人数据,消费者有权设置合理限制。

企业必须遵循第 3 条"尊重背景"的原则,在目的明确的前提下对必需的个人数据进行收集。此外,除非需要履行法律义务,否则当不再需要时,必须对个人数据进行安全销毁,或者对这些数据进行身份不可识别处理。

(7) 说明责任:消费者有权将个人数据交给为遵守《消费者隐私权法案》、并具备适当保障措施的企业。企业必须保证员工遵守这些原则,为此,必须根据上述原则对涉及个人数据的员工进行培训,并定期评估执行情况。在有必要的情况下,还必须进行审计。

在上述 7 项权利中,对于准备运用大数据的经营者来说,第 3 条"尊重背景"是尤为重要的一条。例如,如果将在线广告商以更个性化的广告投放为目的收集的个人数据用于招聘、信用调查、保险资格审查等目的的话,就会产生问题。

此外,脸书等社交网络服务中的个人档案和活动等信息,如果用于脸书自身的服务改善以及新服务的开发是没有问题的。但是,如果要向第三方提供这些信息,则必须以醒目易懂的形式对用户进行告知,并让用户有权拒绝向第三方披露信息。

8.2 大数据的安全问题

传统的信息安全侧重于信息内容(信息资产)的管理,更多地将信息作为企业/机构的自有资产进行相对静态的管理,不能适应实时动态的大规模数据流转和大量用户数据处理的特点。大数据的特性和新的技术架构颠覆了传统的数据管理方式,在数据来源、数据处理、数据使用和数据思维等方面带来革命性的变化,这给大数据的安全防护带来了严峻的挑战。大数据的安全不仅是大数据平台的安全,而是以数据为核心,在全生命周期各阶段流转过程中,在数据采集汇聚、数据存储处理、数据共享使用等方面都面临新的安全挑战(图8-3)。

图8-3 大数据全生命周期安全体系

云计算、社交网络和移动互联网的兴起,对数据存储的安全性要求随之增加。各种在线应用大量数据共享的一个潜在问题就是信息安全。虽然信息安全技术发展迅速,然而企图破坏和规避信息保护的各种网络犯罪的手段也在发展中,更加不易追踪和防范。

数据安全的另一方面是管理。在加强技术保护的同时,加强全民的信息安全意识,完善信息安全的政策和流程至关重要。

根据工业和信息化部的相关定义,所谓数据安全风险信息,主要是通过检测、评估、信息搜集、授权监测等手段获取的,包括但不限于以下这些。

(1)数据泄露,数据被恶意获取,或者转移、发布至不安全环境等相关风险。

(2)数据篡改,造成数据破坏的修改、增加、删除等相关风险。

(3)数据滥用,数据超范围、超用途、超时间使用等相关风险。

(4)违规传输,数据未按照有关规定擅自进行传输等相关风险。

(5)非法访问,数据遭未授权访问等相关风险。

(6)流量异常,数据流量规模异常、流量内容异常等相关风险。

此外,数据安全风险还包括由相关政府部门组织授权监测的暴露在互联网上的数据库、大数据平台等数据资产信息等。

8.2.1 生命周期安全

首先是数据生命周期安全问题。伴随着大数据传输技术和应用的快速发展,在大数据传输生命周期的各个阶段、各个环节,越来越多的安全隐患逐渐暴露出来。例如,在大数据传输环节,除了存在泄露、篡改等风险外,还可能被数据流攻击者利用,数据在传播中可能出现逐步失真等。又如,在大数据传输处理环节,除数据非授权使用和被破坏的风险外,由于大数据传输的异构、多源、关联等特点,即使多个数据集各自进行脱敏处理,数据集仍然存在因关联分析而造成个人信息泄露的风险。

其次是基础设施安全问题。作为大数据传输汇集的主要载体和基础设施,云计算为大数据传输提供了存储场所、访问通道、虚拟化的数据处理空间。因此,云平台中存储数据的安全问题也成为阻碍大数据传输发展的主要因素。

8.2.2 采集汇聚安全

在大数据环境下,随着物联网特别是5G技术的发展,出现了各种不同的终端接入方式和各种各样的数据应用。来自大量终端设备和应用的超大规模数据源输入,对鉴别大数据源头的真实性提出了挑战,数据来源是否可信、源数据是否被篡改,都是需要防范的风险。数据传输需要各种协议相互配合,有些协议缺乏专业的数据安全保护机制,从数据源到大数据平台的数据传输可能带来安全风险。数据采集过程中存在的误差会造成数据本身的失真和偏差,数据传输过程中的泄露、破坏或拦截会带来隐私泄露、谣言传播等安全管理失控的问题。因此,大数据传输中信道安全、数据防破坏、防篡改和设备物理安全等几方面都需要考虑。

在对大数据进行数据采集和信息挖掘的时候,要注重用户数据的安全问题,在不泄露用户隐私数据的前提下进行数据挖掘。需要考虑的是,在分布计算的信息传输和数据交换时,保证各个存储点内的用户隐私数据不被非法泄露和使用,这是当前大数据背景下信息安全的主要问题。同时,当前的大数据数据量并不是固定的,而是在应用过程中动态增加的,但是,传统的数据隐私保护技术大多是针对静态数据的,所以,如何有效地应对大数据动态数据属性和表现形式的数据隐私保护也是重要的安全问题。最后,大数据的数据远比传统数据复杂,现有的敏感数据的隐私保护是否能够满足大数据复杂的数据信息也是应该考虑的安全问题。

8.2.3 存储管理安全

大数据存储的数据非常巨大,往往采用分布式的方式进行存储,而正是由于采用这种存储方式,存储的路径视图相对清晰,而数据量过大,导致数据保护相对简单,黑客较为轻易地利用相关漏洞实施不法操作,造成安全问题。大数据安全虽仍继承传统数据安全保密性、完整性和可用性三个特性,但也有其特殊性。

大数据的数据类型和数据结构是传统数据不能比拟的,在大数据的存储平台上,数据量是以非线性甚至是指数级的速度增长的,各种类型和各种结构的数据进行数据存储,势必会引发多种应用进程的并发,且频繁无序地运行,极易造成数据存储错位和数据管理混乱,为大数据存储和后期的处理带来安全隐患。

大数据平台处理数据的模式(图8-4)与传统信息系统不同。传统数据的产生、存储、计算、传输都对应明确界限的实体,可以清晰地通过拓扑结构表示,这种处理信息方式用边界防护相对有效。但在大数据平台上,采用新的处理范式和数据处理方式(MapReduce、列存储等),存储平台同时也是计算平台,应用分布式存储、分布式数据库、NewSQL、NoSQL、分布式并行计算、流式计算等技术,一个平台内可以同时具有多种数据处理模式,完成多种业务处理,导致边界模糊,传统的安全防护方式难以奏效。

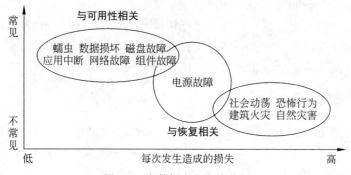

图 8-4 大数据安全事故分析

(1) 大数据平台的分布式计算涉及多台计算机和多条通信链路,一旦出现多点故障,容易导致分布式系统出现问题。此外,分布式计算涉及的组织较多,在安全攻击和非授权访问防护方面比较脆弱。

(2) 在分布式存储中,由于数据被分块存储在各个数据节点,传统的安全防护在分布式存储方式下很难奏效,其面临的主要安全挑战是数据丢失和数据泄露。

① 数据的安全域划分无效。

② 细粒度的访问存储访问控制不健全,用作服务器软件的 NoSQL 未有足够的安全内置访问控制措施,以致客户端应用程序需要内建安全措施,因此产生授权过程身份验证和输入验证等安全问题。

③ 分布式节点之间的传输网络易受到攻击、劫持和破坏,使得存储数据的完整性、机密性难以保证。

④ 数据分布式存储增大了各个存储节点暴露的风险,在开放的网络化社会,攻击者更容易找到侵入点,以相对较低的成本就可以获得"滚雪球"的收益,一旦遭受攻击,失窃的数据量和损失是十分巨大的。

⑤ 传统的数据存储加密技术在性能效率上面很难满足高速、大容量数据的加密要求。

(3) 大数据平台访问控制的安全隐患主要体现在:用户多样性和业务场景多样性带来的权限控制多样性和精细化要求,超过了平台自身访问控制能够实现的安全级别,策略控制无法满足权限的动态性需求,传统的角色访问控制不能将角色、活动和权限有效地对应起来。因此,在大数据架构下的访问控制机制需要对这些新问题进行分析和探索。

(4) 针对大数据的新型安全攻击中,最具代表性的是高级持续性攻击。由于其潜伏性和低频活跃性,使持续性成为一个不确定的实时过程,产生的异常行为不易被捕获。传统的基于内置攻击事件库的特征实时匹配检测技术对检测这种攻击无效。大数据应用为入侵者实施可持续的数据分析和攻击提供了极好的隐藏环境,一旦攻击得手,失窃的信息量甚至是难以估量的。

(5) 基础设施安全的核心是数据中心的设备安全问题。传统的安全防范手段如网络防 DDoS 分布式拒绝服务攻击(指处于不同位置的多个攻击者同时向一个或数个目标发动攻击,或者一个攻击者控制了位于不同位置的多台机器,并利用这些机器对受害者同时实施攻击);存储加密;容灾备份;服务器安全加固;防病毒;接入控制;自然环境安全等。而主要来自大数据服务所依赖的云计算技术引起的风险,包括虚拟化软件安全、虚拟服务器安全、容器安全以及由于云服务引起的商业风险等。

(6) 服务接口安全。由于大数据业务应用的多样性,使得对外提供的服务接口千差万别,给攻击者带来机会。因此,如何保证不同的服务接口安全是大数据平台的又一巨大挑战。

(7) 数据挖掘分析使用安全。大数据的应用核心是数据挖掘,从数据中挖掘出高价值信息为企业所用,是大数据价值的体现。然而,使用数据挖掘技术,为企业创造价值的同时,容易产生隐私泄露的问题。如何防止数据滥用和数据挖掘导致的数据泄密和隐私泄露问题,是大数据安全一个最主要的挑战性问题。

8.2.4 共享使用安全

互联网给人们生活带来方便,同时也使得个人信息的保护更加困难。

(1) 数据的保密问题。频繁的数据流转和交换使得数据泄露不再是一次性的事件,众多非敏感的数据可以通过二次组合形成敏感的数据。通过大数据的聚合分析能形成更有价值的衍生数据,如何更好地在数据使用过程中对敏感数据进行加密、脱敏、管控、审查等,阻止外部攻击者采取数据窃密、数据挖掘、根据算法模型参数梯度分析对训练数据的特征进行逆向工程推导等攻击行为,避免隐私泄露,仍然是大数据环境下的巨大挑战。

(2) 数据保护策略问题。在大数据环境下,汇聚不同渠道、不同用途和不同重要级别的数据,通过大数据融合技术形成不同的数据产品,可以使大数据成为有价值的知识,发挥巨大作用。如何对这些数据进行保护,以支撑不同用途、不同重要级别、不同使用范围的数据充分共享、安全合规的使用,确保大数据环境下高并发多用户使用场景中数据不被泄露、不被非法使用,是大数据安全的又一个关键性问题。

(3) 数据的权属问题。在大数据场景下,数据的拥有者、管理者和使用者与传统的数据资产不同,传统的数据是属于组织和个人的,而大数据具有不同程度的社会性。一些敏感数据的所有权和使用权并没有被明确界定,很多基于大数据的分析都未考虑到其中涉及的隐私问题。在防止数据丢失、盗取、滥用和破坏上存在一定的技术难度,传统的安全工具不再像以前那么有用。管控大数据环境下的数据流转、权属关系、使用行为和追溯敏感数据资源流向,解决数据权属关系不清、数据越权使用等问题,是一个巨大的挑战。

8.2.5 个人隐私安全

以前数据是企业的资产,是在企业内部、局部的环境里使用,流动性不强,所以数据的个人隐私表现不突出。但是到了互联网+时代,数据无处不在,各种数据积累起来后形成了多元数据关联,不法分子和别有用心的人可通过多元数据关联分析导致个人隐私信息泄露。怎样有效保护个人隐私是大数据安全面临的第一个重要问题。

在现有隐私保护法不健全、隐私保护技术不完善的条件下,互联网上的个人隐私失去管控,微信、微博、QQ等社交软件掌握着用户的社会关系,监控系统记录着人们的聊天、上网、出行记录,网上支付、购物网站记录着人们的消费行为。但在大数据传输时代,人们面临的威胁不仅限于个人隐私泄露,还在于基于大数据传输对人的状态和行为的预测。近年来,国内多省社保系统个人信息泄露、12306账号信息泄露等大数据传输安全事件表明,大数据传输未被妥善处理会对用户隐私造成极大的侵害。因此,在大数据传输环境下,如何管理好数据,在保证数据使用效益的同时保护个人隐私,是大数据时代面临的巨大挑战之一。

8.3 大数据的管理维度

数据已成为国家基础性战略资源,建立健全大数据安全保障体系,对大数据的平台及服务进行安全评估,是推进大数据产业化工作的重要基础任务。中国《网络安全法》《网络产品和服务安全审查办法》《数据安全管理办法》等法律法规的陆续实施,对大数据运营商提出了诸多合规要求。应对大数据安全风险,确保其符合网络安全法律法规政策,成为亟需解决的问题。

大数据管理具有分布式、无中心、多组织协调等特点。因此有必要从数据语义、生命周期和信息技术三个维度(图8-5)认识数据管理技术涉及的数据内涵,分析和理解数据管理过程中需要采用的IT安全技术及其管控措施和机制。

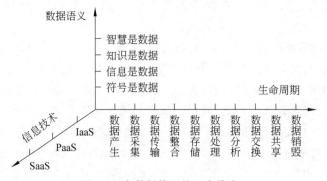

图 8-5 大数据管理的三个维度

从大数据运营者的角度看,大数据生态系统应提供包括大数据应用安全管理、身份鉴别和访问控制、数据业务安全管理、大数据基础设施安全管理和大数据系统应急响应管理等业务安全功能,因此大数据业务目标应包括这5方面。

2020全国大数据标准化工作会议暨全国信标委大数据标准工作组第七次全会上发布了《大数据标准化白皮书(2020版)》。白皮书指出了目前大数据产业化发展面临的安全挑战,包括法律法规与相关标准的挑战、数据安全和个人信息保护的挑战、大数据技术和平台安全的挑战。针对这些挑战,我国已经在大数据安全指引、国家标准及法律法规建设方面取得阶段性成果,但大数据运营过程中的大数据平台安全机制不足、传统安全措施难以适应大数据平台和大数据应用、大数据应用访问控制困难、基础密码技术及密钥操作性等信息技术安全问题亟待解决。

8.4 大数据的安全体系

在大数据时代,如何确保网络数据的完整性、可用性和保密性,不受信息泄露和非法篡改的安全威胁影响,已成为政府机构、事业单位信息化健康发展所要考虑的核心问题。根据对大数据环境下面临的安全问题和挑战进行分析,提出基于大数据分析和威胁情报共享为基础的大数据协同安全防护体系(图8-6),将大数据安全标准、大数据安全治理体系、安全测评体系和安全运维体系相结合,在数据分类分级和全生命周期安全的基础上,体系性地解决大数据不同层次的安全问题。

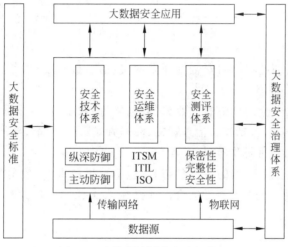

图 8-6　大数据协同安全防护体系

8.4.1　安全技术体系

大数据安全技术体系(图8-7)是大数据安全管理、安全运行的技术保障。以密码基础设施、认证基础设施、可信服务管理、密钥管理设施、安全监测预警等五大安全基础设施为支撑服务,结合大数据、人工智能和分布式计算存储能力,解决传统安全解决方案中数据离散、单点计算能力不足、信息孤岛和无法联动的问题。

8.4.2　数据安全治理

大数据安全治理的目标是确保大数据"合法合规"安全流转,在保障大数据安全的前提下,实现其价值最大化,以支撑企业的业务目标。大数据安全治理体系建设过程中行使数据的安全管理、运行监管和效能评估的职能。主要内容包括:

(1) 构架大数据安全治理的治理流程、治理组织结构、治理策略和确保数据在流转过程中的访问控制、安全保密和安全监管等安全保障机制。

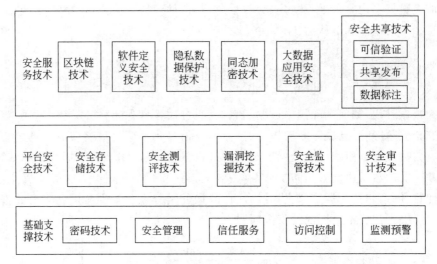

图 8-7 大数据安全技术体系

(2) 制定数据治理过程中的安全管理架构,包括人员组成、角色分配、管理流程和对大数据的安全管理策略等。

(3) 明确大数据安全治理中的元数据、数据质量、数据血缘、主数据管理和数据全生命周期的安全治理方式,包括安全治理标准、治理方式、评估标准、异常和应急处置措施以及元数据、数据质量、数据标准等。

(4) 对大数据环境下数据的主要参与者,包括数据提供者(数据源)、大数据平台、数据管理者和数据使用者制定明确的安全治理目标,规划安全治理策略。

8.4.3 数据安全测评

大数据安全测评是安全地提供大数据服务的支撑保障,目标是验证评估所有保护大数据的安全策略、安全产品和安全技术的有效性和性能等。确保所使用的安全防护手段都能满足主要参与者安全防护的需求。主要内容包括:

(1) 构建大数据安全测评的组织结构、人员组成、责任分工和安全测评需要达到的目标等。

(2) 明确大数据场景下安全测评的标准、范围、计划、流程、策略和方式等,大数据环境下的安全分析按评估方法包括基于场景的数据流安全评估、基于利益攸关者的需求安全评估等。

(3) 制定评估标准,明确各个安全防护手段需要达到的安全防护效能,包括功能、性能、可靠性、可用性、保密性、完整性等。

(4) 按照《大数据安全能力成熟度模型》评估安全态势,并形成相关的大数据安全评估报告等,作为大数据安全建设能够投入应用的依据。

8.4.4 数据安全运维

大数据的安全运维主要确保大数据系统平台能安全持续稳定可靠地运行,在大数据系统运行过程中行使资源调配、系统升级、服务启停、容灾备份、性能优化、应急处置、应用部署和安全管控等职能。具体的职责包括：

(1) 构建大数据安全运维体系的组织形式、运维架构、安全运维策略、权限划分等。

(2) 制定不同安全运维流程和运维的重点方向等，包括基础设施安全管控、病毒防护、平台调优、资源分配和系统部署、应用和数据的容灾备份等业务流程。

(3) 明确安全运维的标准规范和规章制度，由于运维人员具有较大的操作权限，为防范内部人员风险，要对大数据环境的核心关键部分、危险行为做到事前、事中和事后有记录，可跟踪和能审计。

8.4.5 以数据为中心的安全要素

基于威胁情报共享和采用大数据分析技术的大数据安全防护技术体系，可以实现大数据安全威胁的快速响应，集安全态势感知、监测预警、快速响应和主动防御为一体，基于数据分级分类实施不同的安全防护策略，形成协同安全防护体系。围绕以数据为核心，以安全机制为手段，以涉及数据的承载主体为目标，以数据参与者为关注点，构建大数据安全协同主动防护体系(图8-8)。

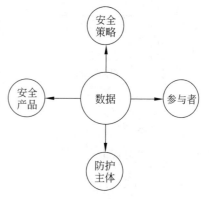

图 8-8 以数据为中心的安全要素

(1) 数据是指需要防护的大数据对象，包括大数据流转的各个阶段，即采集、传输、存储、处理、共享、使用和销毁。

(2) 安全策略是指对大数据对象进行安全防护的流程、策略、配置和方法等，如根据数据的不同安全等级和防护需求实施主动防御、访问控制、授权、隔离、过滤、加密、脱敏等。

(3) 安全产品是指在对大数据进行安全防护时使用的具体产品，如数据库防火墙、审计、主动防御系统、APT检测、高速密码机、数据脱敏系统、云密码资源池、数据分级分类系统等。

(4) 防护主体是指需要防护的承载大数据流转过程的软硬件载体，包括服务器、网络设备、存储设备、大数据平台、应用系统等。

(5) 参与者是指参与大数据流转过程中的改变大数据状态和流转过程的主体，主要包括大数据提供者、管理者、使用者和大数据平台等。

8.4.6 主动防御协同体系

传统的安全防护技术注重某一个阶段或者某一个点的安全防护，在大数据环境下需要构建具有主动防御能力的大数据协同安全防护体系(图8-9)，在总体上达到"协同联动，体系防御"的安全防御效果。大数据协同安全防护体系必须具备威胁的自动发现、策略决策的智能分析、防御策略的全局协同、安全资源的自动控制调度以及安全执行效果的综合评估等特征。其中威胁的自动发现和防御策略的全局协同是实现具有主动防御能力大数据协同安全防护体系的基础。大数据的安全应该以数据生命周期为主线，兼顾满足各个参与者的安全诉求。

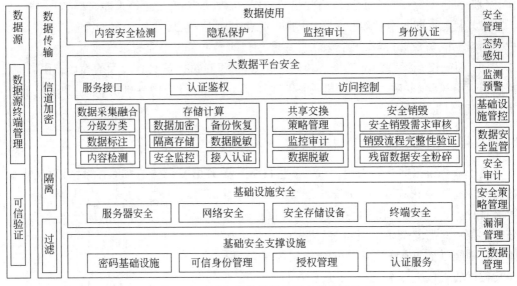

图 8-9　主动防御的大数据协同安全防护体系

8.4.7　协同安全防护流程

大数据协同安全防护强调的是安全策略全局调配的协同性、安全防护手段的主动性，以威胁的自动发现和风险的智能分析为前提，采用大数据的分析技术通过安全策略的全局自动调配和防护手段的全局联动。具有主动防御能力的大数据协同安全防护流程如图 8-10 所示。

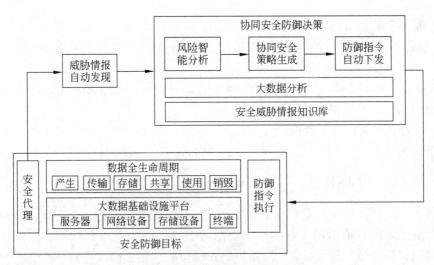

图 8-10　大数据协同安全防护流程

8.5 大数据安全法规

人们逐渐认识到,为了让网络与信息技术长远地造福于社会,就必须规范对网络的访问和使用,这就对政府、学术界和法律界提出了挑战。人们面临的一个难题就是如何制定和完善网络法规,具体地说,就是如何在计算机空间里保护公民的隐私、规范网络言论、保护电子知识产权以及保障网络安全等。

在我国,网络立法已经受到有关方面的高度重视,多部有关网络使用规范、网络安全和网络知识产权保护的规定已出台。如1997年5月20日修正的《中华人民共和国计算机信息网络国际联网管理暂行规定》,2000年发布的《互联网信息服务管理办法》《中文域名注册管理办法(试行)》《教育网站和网校暂行管理办法》《计算机病毒防治管理办法》《关于音像制品网上经营活动有关问题的通知》《计算机信息系统国际联网保密管理规定》《全国人大常委会关于维护互联网安全的决定》等,这些管理规定的制定标志着我国网络法规的起步。

鉴于大数据的战略意义,我国高度重视大数据安全问题,发布了一系列与大数据安全相关的法律法规和政策。2012年,云安全联盟成立大数据工作组,旨在寻找大数据安全和隐私问题的解决方案。2013年7月,工业和信息化部公布了《电信和互联网用户个人信息保护规定》,明确电信业务经营者、互联网信息服务提供者收集、使用用户个人信息的规则和信息安全保障措施要求。2015年8月,国务院印发了《促进大数据发展行动纲要》,提出要健全大数据安全保障体系,完善法律法规制度和标准体系。2016年3月,第十二届全国全国人民代表大会第四次会议表决通过了《中华人民共和国国民经济和社会发展第十三个五年规划纲要》,提出把大数据作为基础性战略资源,明确指出要建立大数据安全管理制度,实行数据资源分类分级管理,保障安全、高效、可信。在产业界和学术界,对大数据安全的研究已经成为热点。国际标准化组织、产业联盟、企业和研究机构等都已开展相关研究,以解决大数据安全问题。

2016年,全国信息安全标准化技术委员会正式成立大数据安全标准特别工作组,负责大数据和云计算相关的安全标准化研制工作。在标准化方面,国家层面制定了《大数据服务安全能力要求》《大数据安全管理指南》《大数据安全能力成熟度模型》等数据安全标准。由于数据与业务关系紧密,各行业也纷纷出台了各自的数据安全分级分类标准,典型的如《银行数据资产安全分级标准与安全管理体系建设方法》《电信和互联网大数据安全管控分类分级实施指南》《JR/T 0158—2018 证券期货业数据分类分级指引》等,对各自业务领域的敏感数据按业务线条进行分类,按敏感等级(数据泄露后造成的影响)进行数据分级。安全防护系统可以根据相应级别的数据采用不同严格程度的安全措施和防护策略。在大数据安全产品领域,形成了平台厂商和第三方安全厂商的两类发展模式。

8.6 知识产权保护

所谓"知识产权",是指人们可以就其智力创造的成果依法享有的专有权利。按照1967年7月14日在斯德哥尔摩签订的《关于成立世界知识产权组织公约》第2条的规

定,知识产权应当包括以下权利:

(1) 关于文学、艺术和科学作品的权利。

(2) 关于表演艺术家的演出、录音和广播的权利。

(3) 关于人们努力在一切领域的发明的权利。

(4) 关于科学发现的权利。

(5) 关于工业品式样的权利。

(6) 关于商标、服务商标、厂商名称和标记的权利。

(7) 关于制止不正当竞争的权利。

(8) 在工业、科学、文学或艺术领域里一切其他来自知识活动的权利。

世界各国大都有自己的知识产权保护法律体系。在美国,与出版商和多媒体开发商关系密切的法律主要有4部:《版权法》《专利法》《商标法》和《商业秘密法》。版权在我国称为著作权。

信息时代的知识产权问题要复杂得多,法律条文之外的讨论、争议和争论为知识产权问题增加了丰富的内容,同时这些讨论、争议和争论的存在又是完善现有知识产权保护法律体系的必要前提。

目前,我国的软件只能申请发明专利,且申请条件较严格。因此,一般软件通常用著作权法来保护。软件开发者依照《中华人民共和国著作权法》和《计算机软件保护条例》对其设计的软件享有著作权。著作权包括如下人身权和财产权:

(1) 发表权,即决定作品是否公之于众的权利。

(2) 署名权,即表明作者身份,在作品上署名的权利。

(3) 修改权,即修改或者授权他人修改作品的权利。

(4) 保护作品完整权,即保护作品不受歪曲、篡改的权利。

(5) 使用权和获得报酬权。

加入WTO之后,我国对知识产权的保护越来越重视。但软件的知识产权保护问题较为复杂,它和传统出版物的版权保护既相似又有不同。随着国际贸易和国际商业往来的日益发展,知识产权保护已经成为一个全球性的问题。各国除了制定自己国家的知识产权法律之外,还建立了世界范围内的知识产权保护组织,并逐步建立和完善了有关国际知识产权保护的公约和协议。1990年11月,在关税与贸易总协定(乌拉圭回合)多边贸易谈判中,达成了《与贸易有关的知识产权协议》草案,标志着保护知识产权的新的国际标准的形成。

作 业

1. 要在业务中运用大数据,就不可避免地会遇到(　　)问题。

  A. 设备　　　　B. 隐私　　　　C. 资金　　　　D. 场地

2. 涉及个人及其相关信息的经营者,在确定使用目的的基础上(　　)用户同意,并在使用目的发生变化时,以易懂的形式进行告知。

  A. 事后征得　　B. 无须征求　　C. 事先征得　　D. 匿名得到

3. (　　)年2月23日,美国《消费者隐私权法案》正式颁布。这项法案对消费者的权利进行了具体规定。

  A. 2018　　　　B. 1956　　　　C. 2021　　　　D. 2012

4.《消费者隐私权法案》中对消费者的(　　)权利规定了企业可收集哪些个人数据，并如何使用这些数据，消费者拥有控制权。

  A. 个人控制　　B. 透明度　　C. 安全　　D. 尊重背景

5. 在《消费者隐私权法案》中，(　　)是指对于隐私权及安全机制的相关信息，消费者拥有知情、访问的权利。前者的价值在于加深消费者对隐私风险的认识，并让风险变得可控。

  A. 个人控制　　B. 透明度　　C. 安全　　D. 尊重背景

6. 在《消费者隐私权法案》中，(　　)权利是指消费者有权期望企业按照与自己提供数据时的背景相符的形式对个人信息进行收集、使用和披露。

  A. 个人控制　　B. 透明度　　C. 安全　　D. 尊重背景

7. 在《消费者隐私权法案》中，(　　)权利是指消费者有权要求个人数据得到安全保障且负责任地被使用。

  A. 个人控制　　B. 透明度　　C. 安全　　D. 尊重背景

8. 在《消费者隐私权法案》的消费者7项权利中，对于准备运用大数据的经营者来说，(　　)是尤为重要的一条。

  A. 第3条"尊重背景"　　　　B. 第2条"透明度"
  C. 第4条"安全"　　　　　　D. 第1条"个人控制"

9. 传统的信息安全侧重于(　　)的管理，更多地将其作为企业/机构的自有资产进行相对静态的管理。

  A. 基础设施　　B. 数据算法　　C. 信息设备　　D. 信息内容

10. 大数据的安全不仅是大数据平台的安全，而是以(　　)为核心，在全生命周期各阶段流转过程中，在采集汇聚、存储处理、共享使用等方面都面临新的安全挑战。

  A. 管理　　B. 数据　　C. 设备　　D. 网络

11. 数据安全的一个方面是(　　)。在加强技术保护的同时，加强全民的信息安全意识，完善信息安全的政策和流程至关重要。

  A. 管理　　B. 数据　　C. 设备　　D. 网络

12. 所谓数据安全风险信息，是通过检测、评估、信息搜集、授权监测等手段获取的，其中包括(　　)。

  ① 数据泄露　　② 算法白盒　　③ 数据篡改　　④ 数据滥用
  A. ①②④　　B. ①②③　　C. ②③④　　D. ①③④

13. 所谓数据安全风险信息，是通过检测、评估、信息搜集、授权监测等手段获取的，其中包括(　　)。

  ① 违规传输　　② 非法访问　　③ 流量异常　　④ 过程紊乱
  A. ①②④　　B. ①②③　　C. ②③④　　D. ①③④

14. (　　)安全是指：在大数据环境下，物联网、5G技术的发展带来各种不同的终端接入方式和各种各样的数据应用，对鉴别大数据源头的真实性提出了挑战，数据来源是否可信,源数据是否被篡改都是需要防范的风险。
A. 存储管理　　　B. 算法优化　　　C. 采集汇聚　　　D. 共享使用

15.(　　)安全是指:在大数据平台上,采用新的处理范式和数据处理方式,存储平台同时也是计算平台,一个平台内可以同时具有多种数据处理模式,完成多种业务处理,导致边界模糊,传统的安全防护方式难以奏效。
A. 存储管理　　　B. 算法优化　　　C. 采集汇聚　　　D. 共享使用

16.(　　)安全是指:互联网给人们生活带来方便,同时也使得个人信息的保护变得更加困难。
A. 存储管理　　　B. 算法优化　　　C. 采集汇聚　　　D. 共享使用

17. 大数据管理具有分布式、无中心、多组织协调等特点。因此有必要从(　　)三个维度去认识数据管理技术涉及的数据内涵,分析和理解数据管理过程中需要采用的IT安全技术及其管控措施和机制。
① 拓扑结构　　② 数据语义　　③ 生命周期　　④ 信息技术
A. ①②④　　　B. ①②③　　　C. ②③④　　　D. ①③④

18. 大数据的安全技术体系是大数据安全管理、安全运行的技术保障。以密码基础设施、(　　)、安全监测预警等五大安全基础设施为支撑服务。
① 认证基础设施　　　　　　② 可信服务管理
③ 生命周期回溯　　　　　　④ 密钥管理设施
A. ①②④　　　B. ①②③　　　C. ②③④　　　D. ①③④

19. 计算机行业是一个以团队合作为基础的行业,从业者之间可以合作,他人的成果可以(　　)。
① 参考　　　② 公开利用　　　③ 任意复制　　　④ 合理剽窃
A. ①④　　　B. ①③　　　C. ①②　　　D. ②③

20.(　　)是一个法律概念,它保护的是发明,也包括一些基于软件的发明。
A. 标签　　　B. 版权　　　C. 专利　　　D. 协议

课程学习与实验总结

至此,我们完成了本书有关"大数据伦理与职业素养"课程的全部学习与实验。为巩固通过学习与实验所了解和掌握的相关知识和技术,请就所学课程做一个系统的总结。

1. 学习与实验的基本内容

(1) 本学期完成的"大数据伦理与职业素养"的学习与实验内容主要有(请根据实际完成情况填写):

第1章:主要内容是_____

_____

第2章:主要内容是_____

第 8 章　大数据安全与法律

第 3 章：主要内容是＿＿＿＿＿＿＿＿＿＿＿＿＿＿＿＿＿＿＿＿＿＿＿＿＿＿＿
＿＿＿＿＿＿＿＿＿＿＿＿＿＿＿＿＿＿＿＿＿＿＿＿＿＿＿＿＿＿＿＿＿＿＿＿

第 4 章：主要内容是＿＿＿＿＿＿＿＿＿＿＿＿＿＿＿＿＿＿＿＿＿＿＿＿＿＿＿
＿＿＿＿＿＿＿＿＿＿＿＿＿＿＿＿＿＿＿＿＿＿＿＿＿＿＿＿＿＿＿＿＿＿＿＿

第 5 章：主要内容是＿＿＿＿＿＿＿＿＿＿＿＿＿＿＿＿＿＿＿＿＿＿＿＿＿＿＿
＿＿＿＿＿＿＿＿＿＿＿＿＿＿＿＿＿＿＿＿＿＿＿＿＿＿＿＿＿＿＿＿＿＿＿＿

第 6 章：主要内容是＿＿＿＿＿＿＿＿＿＿＿＿＿＿＿＿＿＿＿＿＿＿＿＿＿＿＿
＿＿＿＿＿＿＿＿＿＿＿＿＿＿＿＿＿＿＿＿＿＿＿＿＿＿＿＿＿＿＿＿＿＿＿＿

第 7 章：主要内容是＿＿＿＿＿＿＿＿＿＿＿＿＿＿＿＿＿＿＿＿＿＿＿＿＿＿＿
＿＿＿＿＿＿＿＿＿＿＿＿＿＿＿＿＿＿＿＿＿＿＿＿＿＿＿＿＿＿＿＿＿＿＿＿

第 8 章：主要内容是＿＿＿＿＿＿＿＿＿＿＿＿＿＿＿＿＿＿＿＿＿＿＿＿＿＿＿
＿＿＿＿＿＿＿＿＿＿＿＿＿＿＿＿＿＿＿＿＿＿＿＿＿＿＿＿＿＿＿＿＿＿＿＿

（2）请回顾并简述：通过学习和实验，你初步了解了哪些有关伦理与道德、大数据伦理和职业素养等的知识概念（至少 3 项）。

① 名称：＿＿＿＿＿＿＿＿＿＿＿＿＿＿＿＿＿＿＿＿＿＿＿＿＿＿＿＿＿＿＿＿
　简述：＿＿＿＿＿＿＿＿＿＿＿＿＿＿＿＿＿＿＿＿＿＿＿＿＿＿＿＿＿＿＿＿
＿＿＿＿＿＿＿＿＿＿＿＿＿＿＿＿＿＿＿＿＿＿＿＿＿＿＿＿＿＿＿＿＿＿＿＿

② 名称：＿＿＿＿＿＿＿＿＿＿＿＿＿＿＿＿＿＿＿＿＿＿＿＿＿＿＿＿＿＿＿＿
　简述：＿＿＿＿＿＿＿＿＿＿＿＿＿＿＿＿＿＿＿＿＿＿＿＿＿＿＿＿＿＿＿＿
＿＿＿＿＿＿＿＿＿＿＿＿＿＿＿＿＿＿＿＿＿＿＿＿＿＿＿＿＿＿＿＿＿＿＿＿

③ 名称：＿＿＿＿＿＿＿＿＿＿＿＿＿＿＿＿＿＿＿＿＿＿＿＿＿＿＿＿＿＿＿＿
　简述：＿＿＿＿＿＿＿＿＿＿＿＿＿＿＿＿＿＿＿＿＿＿＿＿＿＿＿＿＿＿＿＿
＿＿＿＿＿＿＿＿＿＿＿＿＿＿＿＿＿＿＿＿＿＿＿＿＿＿＿＿＿＿＿＿＿＿＿＿

④ 名称：＿＿＿＿＿＿＿＿＿＿＿＿＿＿＿＿＿＿＿＿＿＿＿＿＿＿＿＿＿＿＿＿
　简述：＿＿＿＿＿＿＿＿＿＿＿＿＿＿＿＿＿＿＿＿＿＿＿＿＿＿＿＿＿＿＿＿
＿＿＿＿＿＿＿＿＿＿＿＿＿＿＿＿＿＿＿＿＿＿＿＿＿＿＿＿＿＿＿＿＿＿＿＿

2. 学习和实验的基本评价

（1）在全部的学习和实验内容中，你印象最深，或者相比较而言你认为最有价值的是哪些？

① ＿＿＿＿＿＿＿＿＿＿＿＿＿＿＿＿＿＿＿＿＿＿＿＿＿＿＿＿＿＿＿＿＿＿＿
　你的理由是：＿＿＿＿＿＿＿＿＿＿＿＿＿＿＿＿＿＿＿＿＿＿＿＿＿＿＿＿
＿＿＿＿＿＿＿＿＿＿＿＿＿＿＿＿＿＿＿＿＿＿＿＿＿＿＿＿＿＿＿＿＿＿＿＿

② ＿＿＿＿＿＿＿＿＿＿＿＿＿＿＿＿＿＿＿＿＿＿＿＿＿＿＿＿＿＿＿＿＿＿＿

你的理由是：_____

(2) 在所有的学习和实验中，你认为应该得到加强的是哪些？
① _____
你的理由是：_____
② _____
你的理由是：_____

(3) 对于本课程的学习和实验内容，你认为应该改进的其他意见和建议是什么？
_____
_____

3. 课程学习能力测评

请根据你在本课程的学习和实验情况，客观地对自己的课程学习能力做一个测评。请给表 8-1 的"测评结果"栏中合适的项打"√"。

表 8-1 课程学习能力测评

关键能力	评价指标	测评结果				
		很好	较好	一般	勉强	较差
课程主要内容	1. 了解本课程的主要内容，熟悉本课程的大多数概念					
	2. 熟悉大数据的社会背景					
	3. 熟悉数据科学专业与计算学科的关系					
	4. 掌握通过网络提高专业能力、丰富专业知识的学习方法					
对数据学科的认识	1. 熟悉大数据时代的三个思维转变					
	2. 理解机械思维与数据思维的本质与关系					
	3. 理解数据的因果关系与相关关系					
	4. 了解数据科学发展的社会背景、职业特点和职业道德					
掌握专业伦理与职业素养知识	1. 熟悉伦理与道德的主要概念					
	2. 了解科技伦理、技术伦理、工程伦理知识					
	3. 熟悉算法歧视与算法透明的内涵					
	4. 熟悉职业和职业素养的主要概念和知识					
	5. 熟悉大数据伦理与职业素养的核心要求					
	6. 熟悉工匠精神和工程教育基础知识					
	7. 熟悉数据科学职业与思维，了解大数据安全与法律知识					

关键能力	评价指标	测评结果				
		很好	较好	一般	勉强	较差
自我管理与交流能力	1. 培养自己的责任心,掌握、管理自己的时间					
	2. 知道尊重他人观点,能开展有效沟通,在团队合作中表现积极					
	3. 能获取并反馈信息					
解决问题与创新能力	1. 能根据现有的知识与技能创新地提出有价值的观点					
	2. 能运用不同思维方式发现并解决一般问题					

说明:"很好"为5分,"较好"为4分,其余类推。各栏目合计为100分,你给自己的测评分是:＿＿＿＿＿＿分。

4. 课程学习和实验总结

＿＿

5. 课程学习总结评价(教师)

＿＿

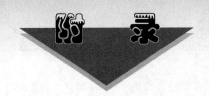

作业参考答案

第1章

1. A 2. B 3. C 4. A 5. D 6. B
7. A 8. B 9. C 10. A 11. D 12. B
13. B 14. D 15. A 16. B 17. C 18. D
19. A 20. B

第2章

1. B 2. C 3. A 4. C 5. A 6. B
7. C 8. C 9. B 10. B 11. C 12. A
13. B 14. D 15. B 16. A 17. C 18. D
19. A 20. A

第3章

1. C 2. B 3. A 4. D 5. C 6. B
7. C 8. A 9. D 10. C 11. A 12. D
13. A 14. C 15. D 16. A 17. A 18. C
19. D 20. B

第4章

1. C 2. A 3. B 4. C 5. D 6. B
7. A 8. C 9. B 10. D 11. A 12. C
13. A 14. D 15. C 16. A 17. D 18. B
19. C 20. A

第5章

1. D 2. B 3. A 4. C 5. B 6. D
7. B 8. A 9. C 10. D 11. B 12. D
13. C 14. B 15. C 16. B 17. D 18. A

19. A   20. C

第 6 章

1. B	2. D	3. D	4. A	5. D	6. C
7. A	8. B	9. D	10. A	11. B	12. C
13. A	14. D	15. B	16. C	17. A	18. D
19. D	20. D				

第 7 章

1. B	2. B	3. C	4. A	5. D	6. B
7. C	8. A	9. B	10. C	11. D	12. C
13. D	14. A	15. C	16. B	17. A	18. C
19. B	20. D				

第 8 章

1. B	2. C	3. D	4. A	5. B	6. D
7. C	8. A	9. D	10. B	11. A	12. D
13. B	14. C	15. A	16. D	17. C	18. A
19. C	20. C				

参 考 文 献

[1] 季凌彬,周苏. AI 伦理与职业素养[M]. 北京:中国铁道出版社,2020.
[2] 梯利. 伦理学导论[M]. 何意,译. 北京:北京师范大学出版社,2015.
[3] 李伦. 人工智能与大数据伦理[M]. 北京:科学出版社,2018.
[4] 周苏. 大数据导论[M]. 2 版. 微课版. 北京:清华大学出版社,2022.
[5] 周苏. 大数据可视化[M]. 北京:清华大学出版社,2018.
[6] 周苏. 大数据可视化技术[M]. 北京:清华大学出版社,2019.
[7] 吴明晖,周苏. 大数据分析[M]. 北京:清华大学出版社,2018.
[8] 柳俊,周苏. 大数据存储:从 SQL 到 NoSQL[M]. 北京:清华大学出版社,2021.
[9] 何渊. 大数据战争[M]. 北京:北京大学出版社,2019.
[10] 周苏. 创新思维与 TRIZ 创新方法[M]. 2 版. 北京:清华大学出版社,2019.

图书资源支持

感谢您一直以来对清华版图书的支持和爱护。为了配合本书的使用,本书提供配套的资源,有需求的读者请扫描下方的"书圈"微信公众号二维码,在图书专区下载,也可以拨打电话或发送电子邮件咨询。

如果您在使用本书的过程中遇到了什么问题,或者有相关图书出版计划,也请您发邮件告诉我们,以便我们更好地为您服务。

我们的联系方式:

地　　址:北京市海淀区双清路学研大厦 A 座 714

邮　　编:100084

电　　话:010-83470236　010-83470237

客服邮箱:2301891038@qq.com

QQ:2301891038(请写明您的单位和姓名)

资源下载: 关注公众号"书圈"下载配套资源。

资源下载、样书申请

书 圈

图书案例

清华计算机学堂

观看课程直播